Hessen

Deutschbuch

Differenzierende Ausgabe

Arbeitsheft 5

Arbeitstechniken
Texte schreiben
Texte verstehen
Grammatik
Rechtschreibung
Lernstandstest

Herausgegeben von
Markus Langner,
Bernd Schurf und
Andrea Wagener

Erarbeitet von
Friedrich Dick,
Marianna Lichtenstein,
Agnes Fulde und
Toka-Lena Rusnok

Name: ______________________________

Klasse: ______________

Cornelsen

Autoren- und Quellenverzeichnis

S. 27: Der Fernseheinkaufswagen. http://archiv.raid-rush.ws/t-66796.html [13.09.2011] – **S. 31 ff.:** Kinney, Jeff: Gregs Tagebuch 5: Geht's noch? Baumhaus Verlag in der Bastei Lübbe GmbH & Co. KG © 2011 Bastei Lübbe GmbH & Co. KG, S. 75–82 – **S 38:** Endrikat, Fred: Die Wühlmaus. Aus: Die Wundertüte. Alte und neue Gedichte für Kinder. Hg. v. Heinz-Jürgen Kliewer. Reclam, Stuttgart 1989, S. 102 – **S. 50:** Maar, Paul: Irgendwo in der Welt. Aus: Jaguar und Neinguar. Oetinger: Hamburg 2007, S. 46 – **S. 55, 56:** „Ich bin zwar in den Bergen aufgewachsen ... Angelehnt an: GEOlino extra: „Wasser", 27/2011, S. 45 – **S. 58:** Leben, das aus dem Meer kam. Nach: Bettina Gutschalk: Hexe Lillis Sachwissen Dinosaurier. Arena, Würzburg 2007, S. 13, 20 – **S. 59, 60, 61:** Wie zogen die Dinosaurier ihre Jungen groß? / Grund für den plötzlichen Dino-Tod gefunden / Dinosaurier besitzen .... Angelehnt an: Bettina Gutschalk: Hexe Lillis Sachwissen Dinosaurier. Arena, Würzburg 2007, S. 28, 40, o. S. – **S. 71, 73:** Der Franzose Franck Goddio ... Angelehnt an: Toll, Claudia, Sokolowski, Ilka u. Stanger, Annette: Versunkene Welten. Vom legendären Troja bis zur Titanic. Arena, Würzburg 2008, S. 8 – **S. 77:** In Belgien ... Angelehnt an: Mendlewitsch, Doris, Gerber, Christine u. Kalupke, Manuela: GeniAh!l – Phänomenale Erfindungen mit Shary und Ralph. Wissen macht Ah!. Loewe, Bindlach 2011, S. 53 – **S. 84:** Harranth, Wolf: Zoologie. Aus: Im Pfirsich wohnt der Pfirsichkern. Gedichte für Kinder. Gabriel Verlag, Wien 1996 – **S. 88:** Dowd, Siobhan: Der Junge, der sich Luft auflöste. Carlsen, Hamburg 2008, S. 27 – **S. 92:** Löwenstein, Rudolf: Was die Tiere alles lernen: Aus: ABC und Tintenklecks. Reclam, Stuttgart 2007, S. 28 – **S. 96:** Falke, Gustav: Zwiegespräch: Aus: Allerlei Getier. Reclam, Stuttgart 2003, S. 39–40 – **S. 102–103:** Dowd, Siobhan: Der Junge, der sich Luft auflöste. Carlsen, Hamburg 2008, S. 7–9 – **S. 102:** London Eye. Angelehnt an: www.imposante-bauwerke.de/london-eye-das-riesige-riesenrad-in-der-haupstadt-englands/ [09.09.2011], Autor: Thomas © Imposante Bauwerke – **S. 107:** Ob im Wasser ... Nach: dpa, in: Neue Westfälische Zeitung Nr. 109, Mittwoch, 11. Mai 2011 – **S. 108, 112:** Gangloff, Tilmann P.: Ein Leben ohne Fernseher? Aus: © Kölner Stadt-Anzeiger, in: www.ksta.de/html/artikel/1189361590040.shtml [09.09.2011]

Bildquellenverzeichnis

S. 5, 19: Thomas Schulz, Teupitz – **S. 15, 16, 17:** © Alimidi.net / Verena Scholze – **S. 18:** © Juniors Bildarchiv – **43:** JAM / akg-images – **S. 48:** © Jörg Mazur, Oberhausen – **S. 58:** © NJ / fotolia.com – **S. 66, 74:** © akg-images / Erich Lessing – **S. 67:** © Weigl / Helga Lade – **S. 68 oben:** ©Alimidi net / TPG – **S. 68 unten:** © plainpicture/AWL – **S. 69:** © Christian Jégou, aus: Versunkene Welten. Vom legendären Troja bis zur Titanic. Arena, Würzburg 2008 – **S. 73:** © ullstein bild – **S. 104:** © Daniel Sambraus / Stock4B

Impressum

Redaktion: Thorsten Feldbusch (verantwortlich), Ingeborg Busack, Mirjam Fiebig
Bildrecherche: Gabi Sprickerhof

Coverfoto: Thomas Schulz, Teupitz

Illustrationen:
Uta Bettzieche, Leipzig: S. 21, 22, 40, 41, 42, 43, 45–47, 49, 50, 51, 53–57, 62–65, 70, 72, 76, 77
Thomas Binder, Magdeburg: S. 23, 25, 27, 29
Nils Fliegner, Hamburg: S. 79–95, 97–100, 102, 103, 105–107, 109, 112
Christiane Grauert, Milwaukee (USA): S. 7, 11, 12, 13, 37, 38
Jeff Kinney: S. 31, 32, 33

Layoutkonzept: werkstatt für gebrauchsgrafik, Berlin
Layout und technische Umsetzung: Ines Schiffel, Berlin

www.cornelsen.de

1. Auflage, 3. Druck 2018

Alle Drucke dieser Auflage sind inhaltlich unverändert
und können im Unterricht nebeneinander verwendet werden.

Druck: Parzeller print & media GmbH & Co. KG, Fulda

ISBN 978-3-06-062853-7

Inhaltsverzeichnis

Kennzeichnungen in diesem Arbeitsheft:

1 Aufgabe

4 Zusatzaufgabe

●○○ Aufgaben mit Starthilfen

●●● Aufgaben, die mehr Wissen und Können von dir verlangen

► Der Pfeil sagt dir, auf welcher Seite du etwas nachschlagen kannst.

Mit dem beigefügten Lösungsheft kannst du deine Arbeitsergebnisse selbst überprüfen.

Das Heft gestalten

1 **Die Schülerinnen und Schüler denken an wichtige Tipps zur Heftführung. Kennst du weitere Tipps? Schreibe sie auf.**

2 **Der folgende Hefteintrag ist gut gelungen. Welcher Tipp wurde an den Stellen beachtet, an denen ein Kästchen steht? Male die Kästchen in der passenden Farbe der Sprechblasen aus.**

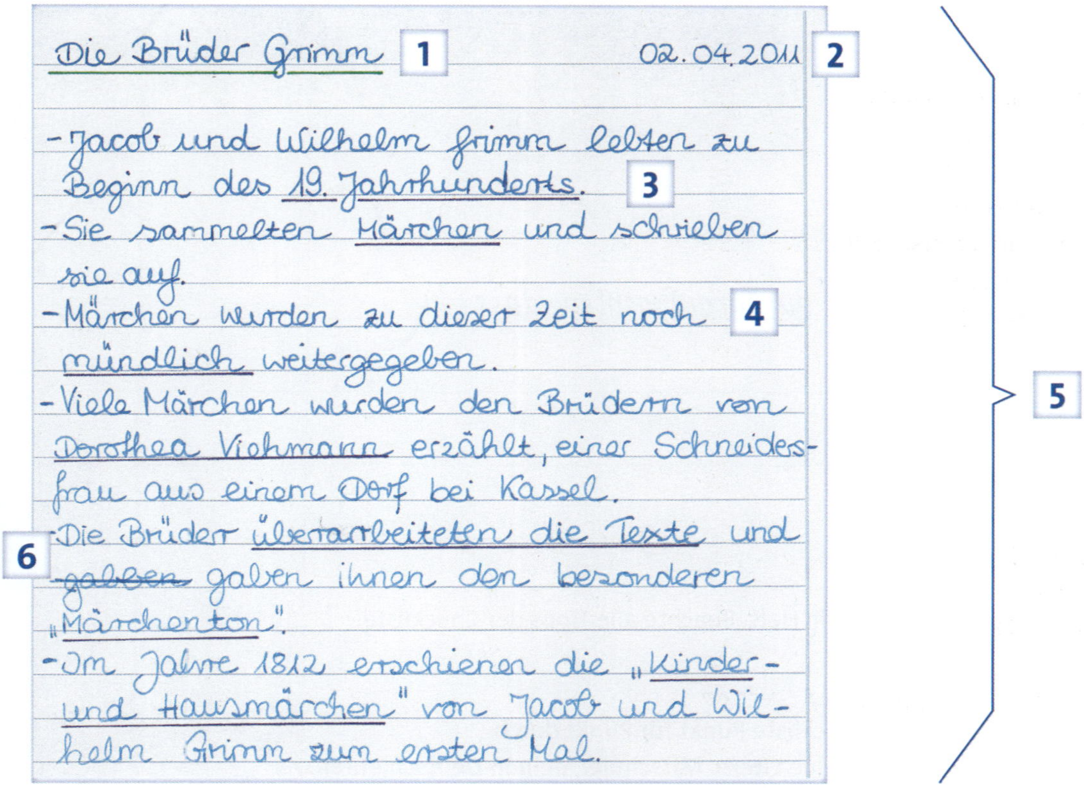
Die Brüder Grimm [1] 02.04.2011 [2]

- Jacob und Wilhelm Grimm lebten zu Beginn des 19. Jahrhunderts. [3]
- Sie sammelten Märchen und schrieben sie auf.
- Märchen wurden zu dieser Zeit noch [4] mündlich weitergegeben.
- Viele Märchen wurden den Brüdern von Dorothea Viehmann erzählt, einer Schneidersfrau aus einem Dorf bei Kassel.
- [6] Die Brüder überarbeiteten die Texte und ~~gaben~~ gaben ihnen den besonderen „Märchenton".
- Im Jahre 1812 erschienen die „Kinder- und Hausmärchen" von Jacob und Wilhelm Grimm zum ersten Mal.

[5]

3 **a** **Bewerte das folgende Schülerbeispiel.
Kreuze in der Checkliste an.**

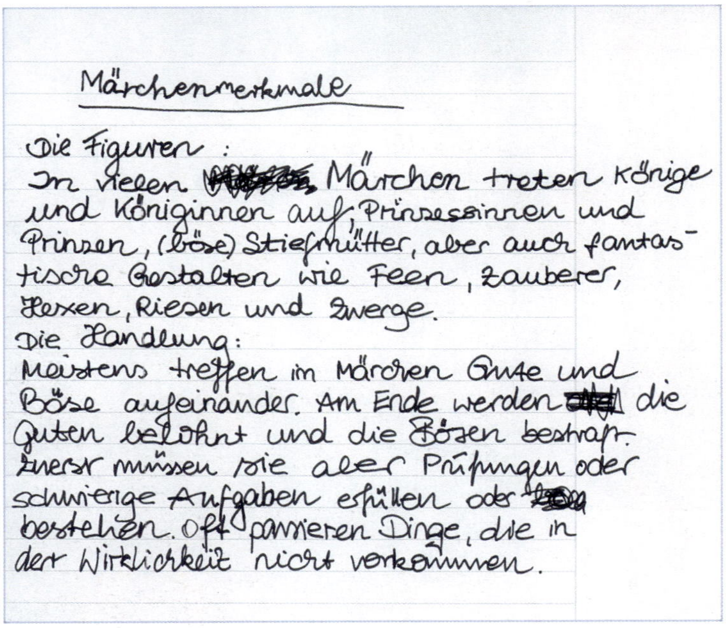

Märchenmerkmale

Die Figuren:
In vielen Märchen treten Könige und Königinnen auf, Prinzessinnen und Prinzen, (böse) Stiefmütter, aber auch fantastische Gestalten wie Feen, Zauberer, Hexen, Riesen und Zwerge.
Die Handlung:
Meistens treffen im Märchen Gute und Böse aufeinander. Am Ende werden die Guten belohnt und die Bösen bestraft. Zuerst müssen sie aber Prüfungen oder schwierige Aufgaben erfüllen oder bestehen. Oft passieren Dinge, die in der Wirklichkeit nicht vorkommen.

Checkliste

Heftführung auf dem Prüfstand!

	gut ☺ gelungen	weniger 😐 gelungen	noch nicht ☹ gelungen
Die Seite wurde übersichtlich gestaltet.	☐	☐	☐
Der Hefteintrag wurde mit einem Datum versehen.	☐	☐	☐
Die Überschrift wurde mit dem Lineal unterstrichen.	☐	☐	☐
Es wurde leserlich geschrieben und Fehler wurden ordentlich durchgestrichen und verbessert.	☐	☐	☐
Wichtiges wurde farblich hervorgehoben.	☐	☐	☐

b **Notiere, welche Tipps du dem Schüler geben würdest.**

Beim nächsten Hefteintrag musst du darauf achten, dass ______________________

____

____

____

c **Schreibe den Hefteintrag korrigiert in dein Heft. Beachte alle Tipps der Checkliste.**

4 **a** **Bewerte dein Deutschheft. Gehe die Checkliste Punkt für Punkt durch.**
b **Bitte andere, dein Heft zu prüfen, z. B. deine Eltern, Mitschüler, deinen Deutschlehrer …**
Tipp: **Prüfe dein Heft am besten alle zwei Wochen mit Hilfe der Checkliste.**

Erzählen nach Bildern – Leos Abenteuer

An einem strahlenden Sommertag unternahmen Leo Laubenberg, seine Freunde und sein Hund Max eine Radtour, um ein Picknick im Wald zu machen …

1 Worum geht es in der Bildergeschichte „Leos Abenteuer"? Betrachte sie und kreuze an:

In der Geschichte geht es um …

- ☐ A Leos Freunde, die den verschwundenen Hund Max suchen.
- ☐ B Leo, der mit seinen Freunden eine Fahrradtour unternimmt.
- ☐ C Leo und seine Freunde, die einen Bus verpasst haben.

2 Welche Probleme erleben Leo und seine Freunde? Werden diese gelöst?

a Lege in deinem Heft eine Tabelle wie folgt an und ergänze sie.

b Notiere auch, was auf dem fehlenden Bild E passieren könnte.

Probleme	Lösungen
Fahrradpanne	

3 Überlege, wie die Geschichte endet. Notiere Stichworte, z. B.:

Bushaltestelle: Sie warten, bis

Information **Die Lesefieberkurve**

- Eine Erzählung beginnt mit einer **Einleitung**. Sie soll neugierig machen.
- In der Einleitung werden W-Fragen beantwortet, z. B.: *Wer spielt mit? Was ist passiert? Wo spielt es?*
- Im **Hauptteil** wird die Handlung schrittweise zum **Höhepunkt** geführt: *Was passiert wohl als Nächstes?*
- Mit dem **Schluss** wird die Spannung aufgelöst.

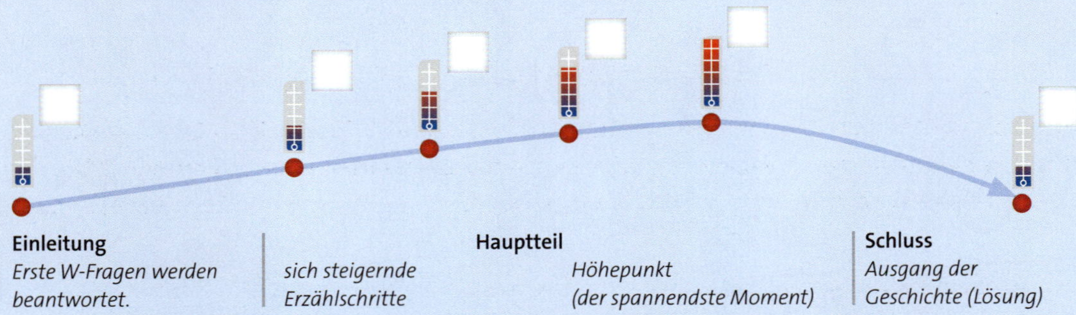

4 **Die Lesefieberkurve zeigt dir die Anordnung der Erzählschritte. Ordne ihnen die Bilder A–F (▶ S. 7) zu. Trage die Buchstaben in die Kästchen der Lesefieberkurve ein.**

5 **Überlege und notiere, was du in der Geschichte erzählen willst. Übertrage die folgende Tabelle ins Heft und ergänze sie.**

Wer spielt in der Geschichte mit?	Wo spielt die Handlung?	Was passiert?
– Leo ist … Jahre alt.	– Start: Leos Zuhause	– Fahrräder beladen
– Der Hund heißt … .	–	Aufbruch zum …

Die Einleitung schreiben

Methode **Spannung erzeugen – Schlingen auslegen**

Bereits mit der **Einleitung** kannst du deine Leser neugierig machen. Lege **Schlingen** aus.

- Verrate nicht gleich zu Beginn, wie die Geschichte ausgeht. Mache nur **Andeutungen**, z. B.: *Wir ahnten ja nicht, was an diesem Tag noch alles passieren sollte.*
- Lege **falsche Fährten** aus. Lass den Leser ein Problem vermuten, das es gar nicht gibt, z. B.: *Der Hund schoss auf die Straße zu. Rechtzeitig blieb er stehen.*
- Beachte: Erzählungen werden meistens im **Präteritum** (▶ S. 57) geschrieben, z. B.: *lief, spielte, schaute.*

6 **a** **Schreibe die Einleitung deiner Geschichte in dein Heft. Die Einleitung soll neugierig machen.**
An einem schönen Sommertag freuten sich Leo und seine Freunde eigentlich auf ein ungestörtes Picknick im Grünen … Schließlich sollte es ganz anders kommen als geplant.

b **Unterstreiche die Schlingen, die du in deiner Einleitung ausgelegt hast.**

c **Umrahme die Sätze, die auf W-Fragen antworten.**

Den Hauptteil schreiben

Methode | **Anschaulich erzählen**

Eine Erzählung wird anschaulicher, wenn man sie **an passenden Stellen mit Adjektiven** (► S. 48) schmückt.

7 **Ergänze in dem folgenden Text passende Adjektive (*sonnig, erholsam, lecker*). Übertrage ihn in dein Heft.**

An einem ... Sommertag freuten sich Leo und seine Freunde auf ein ... und ... Picknick im Grünen. Die Satteltaschen der ... Fahrräder hatten sie mit ... Sachen gepackt. Um 11:00 Uhr starteten die ... Freunde. Max, der ... Labrador, trottete neben den Fahrrädern her. Gerade als sie auf einem ... Feldweg schneller fuhren, sprang ...

Methode | **Abwechslungsreich erzählen**

Mache deine Erzählung spannender. Verwende
- **treffende Verben**, z. B.: *„schimpfen" statt „sagen", „radeln" statt „fahren",* und
- **abwechslungsreiche Satzanfänge**. Beginne z. B. mit *„Zunächst ...", „Anschließend ..."* oder *„Nach kurzer Zeit ..."*.

8 **a Markiere das Wort, das in dem folgenden Text oft wiederholt wird.**
b Ersetze es durch treffendere Verben im Präteritum, z. B. *durchquerten, folgten, abbogen*. Schreibe den Text in dein Heft.

Die drei Freunde fuhren durch einen düsteren Wald. Zuerst fuhren sie einen endlos langen Waldweg entlang. Anschließend fuhren sie nach links in einen noch dunkleren und von hohen Tannen begrenzten Pfad. Sie fuhren schließlich auf eine kleine Lichtung im Wald, wo sie anhielten und ihre Picknickdecke ausbreiteten.

9 **Finde abwechslungsreiche Satzanfänge. Verbessere den folgenden Text in deinem Heft:**

Schon nach kurzer Zeit flogen die ersten Bienen herbei. Dann landeten sie auf dem Obst und dem Apfelkuchen. Dann knabberten auch schon die ersten Ameisen an den mitgebrachten Leckereien. Dann umsegelte ein Schwarm Hummeln die Klassenkameraden. Dann schlug die Freude über das Picknick um in ...

Methode | **Gefühle und Gedanken ausdrücken**

In einer spannenden Erzählung sollte man auch beschreiben, was die einzelnen Figuren denken und fühlen. Dazu verwendet man häufig **die wörtliche Rede**, z. B.: *„Auch das noch!", schimpfte Leo.*

10 **Der Überfall der Insekten löst bei den Freunden unterschiedliche Gefühle aus. Entscheide, welche der folgenden Sätze die Geschichte spannender machen.**

Wird die Geschichte spannender?	ja	nein
A „Guck mal, eine Ameise!"	☐	☐
B „Oje, die Ameisen fressen meinen Kuchen!"	☐	☐
C „Ich halte es nicht aus! Überall brummen Hummeln und Wespen!"	☐	☐

Den Schluss schreiben

Methode **Gefühle und Gedanken ausdrücken**

Am Schluss einer Erzählung löst sich die Spannung, die Spannungskurve sinkt. Man kann
- die **Geschichte ausklingen** lassen, z. B.: *Leo lachte, als er noch einmal an den Nachmittag dachte.*
- auf den **Anfang zurückgreifen**, z. B.: *Eigentlich wollten die Freunde nur ein nettes Picknick erleben.*

11 **Lies die beiden Vorschläge für einen möglichen Schluss der Geschichte. Notiere zu A und B, welche Art von Schluss (▶ Methode) gewählt wurde.**

A ____________________

Die Freunde saßen völlig durchnässt im Buswartehäuschen.
„Wir haben heute wirklich kein Glück, oder Leo?“
„Was machen wir?“, fragte Leo zurück. „Nehmen wir den nächsten Bus oder warten wir, bis es aufhört zu regnen?“

B ____________________

Max schüttelte sich immer wieder, um sein Fell wenigstens etwas trocken zu bekommen. Einer der Freunde saß mit hängenden Schultern und völlig nassen Haaren auf der Bank. Leo schaute ungeduldig auf den Fahrplan. Der nächste Bus ging erst zwei Stunden später. Betrübt ließ er sich im Wartehäuschen nieder. Der morgens so verheißungsvolle Ausflug war somit vollständig ins Wasser gefallen.

12 **a** **Erzähle die ganze Geschichte mit Einleitung, Hauptteil und Schluss. Schreibe in dein Heft.**
Tipp: Beachte die Methoden, um spannend und anschaulich zu erzählen.
b **Formuliere auch eine Überschrift, die Interesse weckt und nicht zu viel verrät.**

Die Erzählung überarbeiten

13 **Überarbeite deine Geschichte. Nutze die Checkliste.**

Checkliste

Du hast …	☺	😐	☹
▪ eine Überschrift formuliert, die neugierig macht.	☐	☐	☐
▪ erste W-Fragen (Wer? Was? Wann? …) in der Einleitung beantwortet.	☐	☐	☐
▪ in deinem Hauptteil die Erzählschritte in einer sinnvollen Reihenfolge angeordnet.	☐	☐	☐
▪ den Höhepunkt deiner Erzählung besonders spannend und anschaulich gestaltet.	☐	☐	☐
▪ einen passenden Schluss gefunden.	☐	☐	☐
▪ im Präteritum erzählt.	☐	☐	☐
▪ deine Erzählung mit ausdrucksstarken Wörtern (Adjektiven, Verben) geschmückt.	☐	☐	☐
▪ abwechslungsreiche Satzanfänge verwendet.	☐	☐	☐
▪ die Regeln der Rechtschreibung und Zeichensetzung (wörtliche Rede) befolgt.	☐	☐	☐

Leos Abenteuer – Traumberuf „Pilot“!

1 ●○○ a Ordne die Bilder in der richtigen Reihenfolge den folgenden Erzählschritten einer Lesefieberkurve zu.
b Beantworte in Stichwörtern die W-Fragen zu den Erzählschritten.
c Markiere den Höhepunkt der Geschichte.

Lesefieberkurve	Antworten auf W-Fragen	Bild
Einleitung		☐
Wer?	Leo, ungefähr 11/12 Jahre alt; Hobby:	
	Max, Leos Hund am Fußende des Bettes	
Wo?	zu Hause; in seinem Zimmer	
Wann?		
Was?	beide gehen zu Bett	
Hauptteil		☐
Was geschieht?		
Worin besteht die größte Gefahr?		
		☐
Schluss		☐
Was ist passiert?	Leo liegt	
Warum?	Max hat ihn	

2 ●○○ **Ein Schüler hat sich in Leos Lage versetzt und die Geschichte in der Ich-Form begonnen. Bearbeite die Abschnitte 1–5 in deinem Heft. Die Aufgaben a–e sagen dir, wie du sie bearbeiten kannst.**

a Setze die folgende Einleitung 1 fort. Nutze deine Notizen von S. 11.

1 Gestern war es mal wieder ziemlich spät geworden, weil ich noch ganz lange an einem Flugzeugmodell gebastelt hatte. Mein Traum ist es, Pilot zu werden. Kurz vor dem Einschlafen merkte ich, ...

b Der Hauptteil ist noch nicht ganz ausformuliert. Setze die Verben in Klammern in der richtigen Form ein.

2 Kurz nachdem ich eingeschlafen war, ... (*träumen*) ich, im Cockpit eines Jumbojets zu ... (*sitzen*). Viele Passagiere ... (*sein*) im Flugzeug und ich ... (*bringen*) sie gerade von Frankfurt nach New York. Der Flug ... (*verlaufen*) zunächst ruhig und ohne Störfälle. Ich ... (*machen*) eine Durchsage an die Fluggäste und ... (*geben*) die neuesten Wettermeldungen durch.

c Gestalte den Abschnitt 3 abwechslungsreich. Nutze für die Satzanfänge die Wörter auf dem Flugzeugflügel.

3 ... rief ich nach der Stewardess. ... brachte sie mir einen heißen Tee. ... stürzte mir der Becher über die Anzeigetafel. ... spielten die Instrumentenanzeigen verrückt und ich war ... ratlos, was ich tun sollte. ... griff mein Co-Pilot zu einem Taschentuch und trocknete ganz schnell den verschütteten Tee und ... funktionierten alle Anzeigen wieder korrekt.

d Um den Höhepunkt auszuformulieren, nutzt der Schüler „Spannungsmelder" (z. B. *plötzlich, auf einmal*) und passende Adjektive (▶ S. 48). Unterstreiche die Spannungsmelder im Text und entscheide, welches Adjektiv in Klammern am besten passt. Tipp: Du musst das Adjektiv dem Fall des Nomens anpassen (▶ S. 48).

4 Abgelenkt von der Aufregung im Cockpit, bemerkte ich erst in diesem Moment die (*bedrohlich/schwarz/riesig*) Gewitterwand direkt vor meinem Cockpitfenster. Sekunden später befanden wir uns schon mitten im (*groß/schrecklich/ungeheuerlich*) Unwetter. Wie aus dem Nichts schlugen (*grell/gelb/kräftig*) Blitze auf den Flieger. Unter den Passagieren herrschte (*entsetzlich/grässlich/jämmerlich*) Angst.
Plötzlich verlor das sonst so (*neue/verlässlich/sicher*) Flugzeug an Höhe und wir befanden uns in einem (*direkt/steil/gefährlich*) Sturzflug.

e Wie könnte der Schüler die Spannung in seiner Geschichte am Ende auflösen? Schau dir noch einmal Bild D (▶ S. 11) an und vermute, was passiert sein könnte. Schreibe mit Hilfe der Wortbausteine das Ende der Geschichte.

5 Kurz vor dem Aufprall wach werden auf dem Bettvorleger aus dem Bett gefallen Hund Max nimmt das ganze Bett ein „Sturzflug" endet auf dem Bettvorleger alles zum Glück nur ein Traum!

3 ●○○ **Überarbeite deine fertige Geschichte mit Hilfe der Checkliste auf S. 10.**

4 **Vielleicht traust du dir ein weiteres Abenteuer von Leo zu. Dann bearbeite die nachfolgenden Seiten 13/14.**

Leos Abenteuer – Die Gespensterpuppe

Leos Schwester Lena ist 7 Jahre alt. Die beiden verstehen sich sonst gut. Heute spielt Leo ihr einen Streich.

1 ●●● **Schau dir die Bilder genau an und formuliere in ein oder zwei Sätzen, worum es in der Bildergeschichte geht.**

In der Bildergeschichte geht es um die kleine Lena, Leos Schwester, die ______

______

2 ●●● **Was erfährst du über die Hauptfiguren und ihr Handeln? Beantworte knapp die folgenden W-Fragen im Heft.**

W-Fragen:
- *Was hat Lena vor?*
- *Welche Probleme hat Lena im Keller?*
- *Wie fühlt sie sich im Keller?*
- *Was hat Leo vor?*
- *Wie gelingt es Leo, seine Schwester zu erschrecken?*
- *Wie erlebt er die Situation im Keller?*

3 ●●● **Notiere zwei weitere Ideen für ein mögliches Ende der Geschichte. Es könnte z. B. auch eine dritte Figur auftauchen. Mögliche Enden:**

A *Lena erkennt den Streich ihres Bruders und „spielt mit".*

B ______

C ______

4 ●●● Lege dein Heft quer. Zeichne über eine ganze Seite eine Lesefieberkurve (▶ S. 8).

a Trage in die Lesefieberkurve Stichwörter zur Bildergeschichte ein. Ergänze auch deinen Schluss.

b Was passiert zwischen den Bildern? Notiere Stichwörter für ein bis zwei weitere Handlungsschritte.

5 ●●● Schreibe die ganze Geschichte aus der Sicht von Leo in dein Heft.
Nutze die folgenden Erzählbausteine und berücksichtige deine Notizen der Aufgaben 1–4.
Achte auch auf die Hilfen in der Randleiste.

Einleitung

Als meine kleine Schwester Lena gestern Abend in den Keller ging, um ihre Kasperlepuppe zu suchen, …

Schlingen legen
z. B.: Bis dahin hatte Lena keine Angst vor …
Als Lena herabstieg, ahnte sie noch nicht, dass …
Es sollte ganz anders kommen.

Hauptteil

Lena befand sich auf der Kellertreppe. Jch folgte ihr ganz leise. Das … Licht der Glühbirne über den … Stufen erleuchtete nur einen … Teil des Kellerraums. „Welch ein … Durcheinander", hörte ich sie schimpfen. Ganz vorsichtig und auf … Sohlen folgte ich ihr unauffällig.

Adjektive ergänzen
z. B.: leise, schwach, steil …

… suchte Lena in verschiedenen Kisten, die im unaufgeräumten Keller standen.
… durchwühlte sie …
… kramte sie …, der nur Spielsachen, Stofftiere und Puppen enthielt.
… stieß sie auf einen Umzugskarton, in dem …

Text gliedern
z. B.: zuerst, dann, später …

Spannungsmelder setzen
z. B.: plötzlich, auf einmal …

„Hilfe!", schrie Lena …. Ein riesiges Monster erschien … an der Kellerwand. Wie auf der Geisterbahn begann ich, Geräusche zu machen. Lena … Jch freute mich, meine Schwester … Was würde …

Wörtliche Rede einbauen
z. B.: „Lass doch deinen Kasperle gegen mein Monster antreten", schlug ich vor.
„Hör damit auf!", rief Lena.
„…", lachte sie,
„…", antwortete ich.

Schluss

„Na warte, wenn ich dich erwische! Das sage ich Mama und du wirst sehen, was du davon hast …", meckerte Lena.

Von da an machte Lena nicht nur das Licht an, wenn sie …, sondern …

Geschichte ausklingen lassen
z. B.: schließlich, von da an …

6 ●●● Überarbeite deine fertige Geschichte mit Hilfe der Checkliste auf S. 10.

7 Denke dir eine Vorgeschichte aus.
Warum ist Lena in den Keller gegangen? Was wollte sie mit der Handpuppe?

Ein Tier beschreiben – Murkels Steckbrief

Methode **Tiersteckbriefe schreiben**

Ein **Steckbrief** für ein Tier enthält alle wichtigen Informationen, sodass man es sich genau vorstellen kann, wenn es z. B. entlaufen ist. Einen Steckbrief für ein Tier solltet ihr so aufbauen:

1. **Tierart**, **Name**, z. B.: *ist ein Zwergkaninchen, hört auf den Namen Murkel*
2. **Alter**, **Größe**, **Gewicht**, z. B.: *ist 1 Jahr alt, 25 cm lang, 1 Kilo schwer*
3. **Farbe des Fells** (**Gefieders**, **Haut**), z. B.: *hat schwarzes, dichtes Fell*
4. **Körperbau**, z. B.: *ist gedrungen, mollig, hat einen kleinen Kopf mit feinen Tasthaaren*
5. **besondere Merkmale**, z. B.: *große, schwarze Knopfaugen*
6. **Auffälligkeiten im Verhalten**, z. B.: *ist sehr ruhig und anhänglich*

Liebe Mitarbeiter des Tierheims,

weil wir für ein paar Jahre ins Ausland gehen, suchen wir für unser Zwergkaninchen „Murkel“ ein neues Zuhause.

Murkel ist ein Jahr alt. Er ist recht klein (25 cm lang) und hat einen kompakten Körperbau. Auf dem molligen Körper sitzt ein ovaler Kopf mit schwarzen Knopfaugen. Murkel kann seine Löffel in alle Richtungen drehen, sodass er alles mitkriegt, was um ihn herum passiert. Sein graues Fell ist weich und flauschig. Er hat eine kleine Blume (Stummelschwanz). Mit seinen vier kurzen Läufen wird Murkel bestimmt neugierig sein neues Zuhause erobern. Er frisst sehr gerne frisches Heu, Obst und Gemüse. Einen Kaninchenkäfig können wir Murkels Gastfamilie mitgeben.
Gern marschiert er durch die Wohnung. Man muss etwas aufpassen, dass er nichts anknabbert. Murkel ist ganz lieb und macht kaum Arbeit. Er ist verschmust und es tut uns sehr leid, dass wir ihn nicht mit nach Australien nehmen können.

Wir hoffen sehr, über das Tierheim ein nettes und freundliches neues Heim für Murkel zu finden.

PS: Ich hänge Ihnen ein Foto von Murkel an.

1 **a** **Notiere, welches Tier mit der E-Mail vermittelt werden soll:** __________

b **Erkläre, warum sich die Familie an das Tierheim wendet.**

Familie Römer schreibt eine E-Mail an das Tierheim, weil …

__________.

2 **Prüfe, ob du die Beschreibung des Tiers ganz verstanden hast.**
Ordne die Begriffe den passenden Worterklärungen zu. Ziehe Verbindungslinien.

Begriffe	**Worterklärungen**
Löffel	getrocknetes Gras
Läufe	anderes Wort für Ohren
Heu	Schwanz
Blume	Bezeichnung für Beine und Pfoten

3 **Das Tierheim will weiterhelfen und setzt einen Steckbrief von Murkel auf seine Website.**

a **Finde heraus, welche Informationen ein Tiersteckbrief enthalten muss. Ziehe Verbindungslinien.**
Tipp: Manchmal passen auch mehrere Merkmale zu einer Frage, z. B.:

Fragen:	Informationen zu:
Wie heißt das Tier?	Name
	Alter
Was für ein Tier ist es? → Rasse, Art	Rasse
Was frisst das Tier?	Größe
	Fell
Wie muss man das Tier halten?	Beine und Pfoten
	Art
Wodurch zeichnet sich das Tier besonders aus?	Schwanz
	Augen
Wie alt ist es?	Ohren
	Futter
Wie sieht das Tier aus?	Haltung
	besondere Kennzeichen

b **Markiere in der E-Mail der Familie Römer (▸ S. 15), welche Informationen sie dem Tierheim gibt. Nutze die angegebenen Farben.**

c **Fülle den Steckbrief aus, den das Tierheim von Murkel auf die Website setzen will.**

Name: ______

Rasse: Zwergkaninchen

Futter: ______

Haltung: ______

______

Aussehen: ______

______

Größe: ______

Fell: ______

Beine und Pfoten: ______

Ohren: ______

Art: hasenartiges Tier

Alter: ______

Kopf: ______

Farbe: grau

Schwanz: ______

Augen: ______

Besondere Kennzeichen: verschmust, lieb

4 **Verfasse einen Steckbrief für dein Haus- oder Lieblingstier. Fertige auch eine Zeichnung dazu an.**

Murkel ganz genau beschreiben

1 ●○○ **Beschrifte Murkels Bild mit den folgenden Fachbegriffen. Ergänze jeden Fachbegriff durch mindestens ein passendes Adjektiv.**

Fachbegriffe
die Stirn, die Augen, die Nase, das Maul, die Tasthaare, das Fell, die Wange, die Löffel, die Blume, die Läufe

Adjektive
kurz, gerade, groß, rund, dunkelgrau, drehbar, dicht, voll, weich, plüschig, dick, breit, wollig, dünn, lang, klein, flauschig, aufrecht

die Löffel: drehbar, aufrecht

2 ●○○ **Sandra hat auf der Website des Tierheims Murkels Steckbrief gelesen. Beim Abendessen berichtet Sandra ihren Eltern von ihrer Entdeckung.**

Ich habe ein tolles Kaninchen im Netz gefunden. Es hat super Haare und es hat eine ganz krasse Farbe. Besonders die Augen und die Ohren sind besonders. Das Kaninchen ist nicht groß und auch nicht ganz klein und es ist ziemlich rund. Murkel heißt das Kaninchen und es ist bald ohne Herrchen und Frauchen.

a **Können sich die Eltern nach Sandras Beschreibung das Kaninchen gut vorstellen? Begründe kurz.**

b **Überarbeite Sandras Beschreibung in deinem Heft. Ergänze auch Verben wie:** ***finden, sich anfühlen, schimmern, leuchten, verlieren.***

Auf der Website des Tierheims habe ich ein wunderschönes Zwergkaninchen ...
Sein Fell fühlt sich bestimmt ... und es ... ganz schwarz. Besonders die Augen ... Seine Löffel können sich in alle Richtungen ... Das Kaninchen ist mittelgroß und ... lang. Murkel heißt es und es ... bald sein Herrchen und sein Frauchen

Eine Suchanzeige schreiben – Graupapagei entflogen!

Methode **Eine Suchanzeige für ein Tier schreiben**

Aufbau
- Formuliere eine **Überschrift**, z. B.: *Seltener ...; Wer hat meinen ...?*
- Schreibe einen **Einleitungssatz**, in dem steht, worum es geht: *Wann ist welches Tier entlaufen/entflogen?*
- Beschreibe das Tier in einer sinnvollen Reihenfolge vom Kopf an bis hin zu den besonderen Kennzeichen: *Tierart, Name, Alter, Farbe, Größe, Kopf- und Körperform, besondere Auffälligkeiten.*
- Nenne am Ende eine **Kontaktadresse** mit **Telefonnummer**.
- **Bedanke** dich am Schluss.

Sprache
- Verwende für die Beschreibung passende **Adjektive für Farben und Körperformen**.
- Verfasse die Suchanzeige in der **Gegenwartsform** (Präsens ▶ S. 53).
- Überprüfe **Rechtschreibung** und **Zeichensetzung**.

1 ●●● **Der Graupapagei Arax ist entflogen. Verfasse eine Suchanzeige, die man im Stadtviertel an Bäumen aufhängen könnte. Gehe so vor:**

a **Schau dir das Foto von Arax an und lies die folgenden Informationen.**

b **Bringe für die Suchanzeige die Informationen in eine sinnvolle Reihenfolge. Nummeriere sie.**

c **Vervollständige und beende die begonnene Suchanzeige in der rechten Spalte.**

Informationen über Arax

Nr. 5
Die Füße sind grau und haben schwarze Krallen.

Nr. ______
Er hat ein graues Gefieder und ist ungefähr 30 cm groß.

Nr. ______
Mein Papagei ist ein Jahr alt und hört auf den Namen Arax.

Nr. ______
Besonders auffällig sind die roten Schwanzfedern.

Nr. ______
Arax' Kopffedern sind hellgrau und der Schnabel ist schwarz.

Nr. ______
Bitte melden Sie sich bei: ..., Bachstraße 46, Bonn, Tel.: ...

Suchanzeige

Papagei „Arax" entflogen!

Seit Donnerstag (____.____.20____) vermisse ich mein Haustier.

____

____

____

____

____

____

____

____

____

____

Vorgänge beschreiben – Eine Katzenangel basteln

Methode **Einen Vorgang beschreiben (z. B. eine Bastelanleitung)**

Bei einer **Vorgangsbeschreibung** wird ein Vorgang so beschrieben, dass ihn eine andere Person **nachmachen kann**. Vorgangsbeschreibungen sind z. B.:
Bastelanleitungen, Kochrezepte oder Gebrauchsanweisungen.

- Am Anfang einer Vorgangsbeschreibung nennt man die **Materialien**, die benötigt werden.
- Anschließend beschreibt man die einzelnen **Schritte** des Vorgangs sachlich, genau und in der **richtigen Reihenfolge**.
- Mit **unterschiedlichen Satzanfängen** kann man die Beschreibung abwechslungsreich formulieren.
- Eine Vorgangsbeschreibung steht in der **Gegenwartsform** (Präsens ► S. 53).

1 **Schau dir die nachfolgenden Abbildungen an. Beantworte in Stichwörtern:**
a **Welches Material benötigst du, um eine Katzenangel zu bauen?**
b **Welche Arbeitsschritte musst du erledigen?**

1. Streichholz durchbrechen

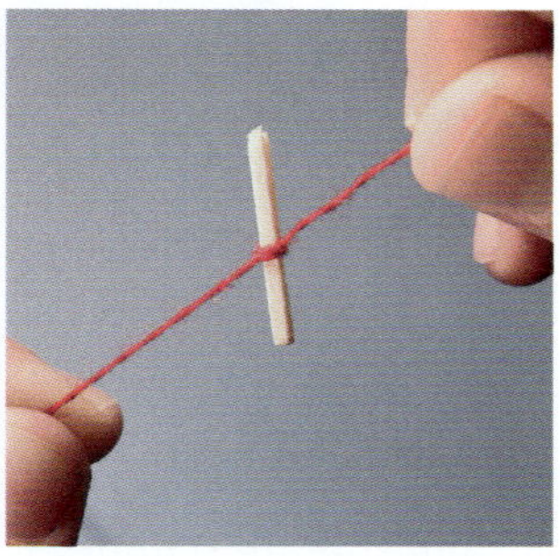

2.

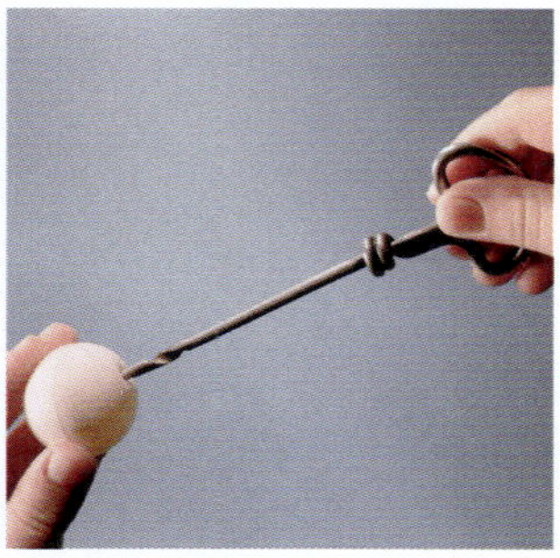

3.

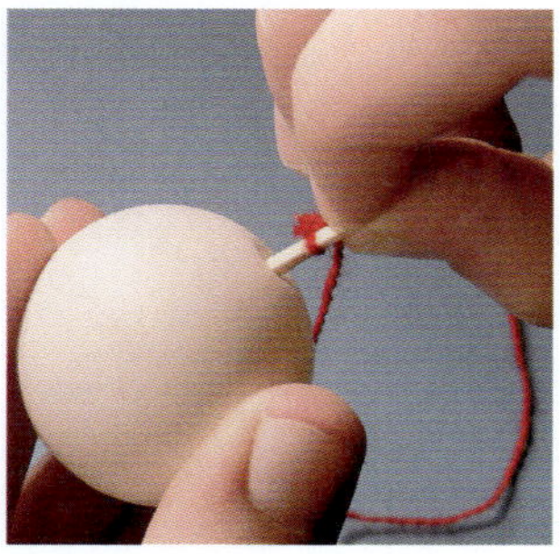

4.

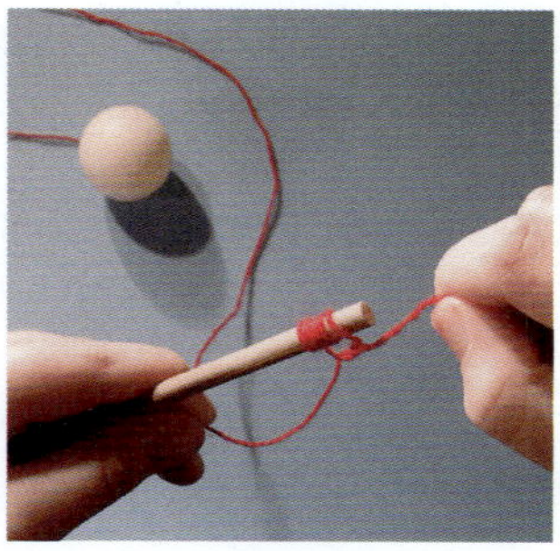

5.

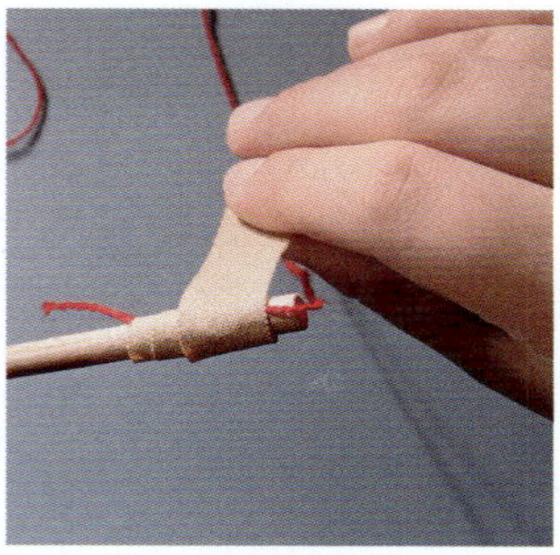

6.

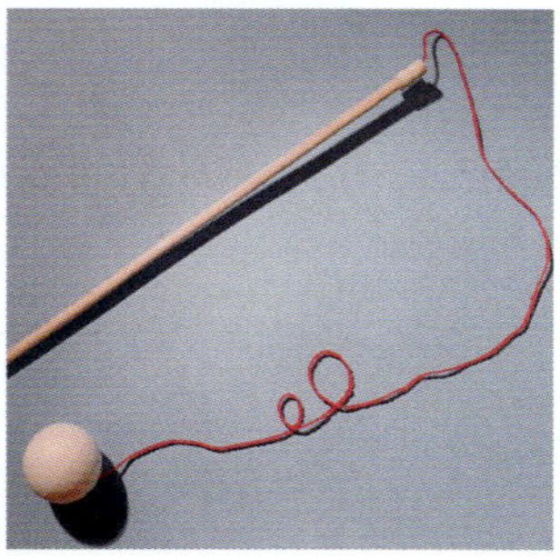

7.

2 **Schreibe die Bastelanleitung für eine Katzenangel.**

a **Streiche aus der Liste die Materialien und Werkzeuge, die du nicht zum Basteln einer Katzenangel benötigst.**

b **Vergleiche diese Liste mit deinen Notizen von der Vorseite.**

Liste

das Streichholz, die Säge, der Tischtennisball, der Luftballon, der kleine Handbohrer, die elektrische Bohrmaschine, der Kleber, die Schnur (ca. 1 Meter), das Gummiband, der Stock (1 Meter), das Klebeband, die Schere

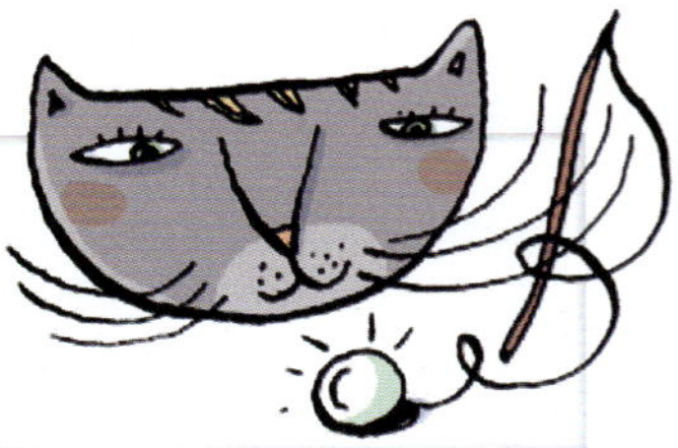

c **Ordne die Arbeitsschritte in der richtigen Reihenfolge. Ergänze die fehlende Beschreibung.**

Reihenfolge	Arbeitsschritte
1	Zum Bau einer Katzenangel braucht man einen Stock, eine Schnur, einen Tischtennisball, Klebeband, ein Streichholz, einen kleinen Handbohrer und eine Schere.
____	Anschließend bohrt man mit einem Handbohrer ein kleines Loch in den Ball, damit das Streichholz mit der festgeknoteten Schnur hindurchpasst.
____	Danach stopft man das kleine Hölzchen mit der angeknoteten Schnur ganz vorsichtig in den Tischtennisball und zieht die Schnur stramm, sodass sich das Hölzchen im Ball quer stellt.
____	Zuerst bricht man von einem Streichholz die Spitze ab. Es sollte danach ungefähr so lang sein, wie der Tischtennisball dick ist.
____	______________________________ ______________________________
____	Zum Schluss muss sie nur noch ausprobiert werden.
____	Schließlich liegt die Katzenangel fertig auf dem Tisch.
____	Damit die Schnur nicht so leicht vom Stock abgeht, umklebt man nun die angeknotete Schnur mit Klebeband.

3 **Welche Wörter in der Beschreibung drücken die Reihenfolge aus? Markiere sie und schreibe sie heraus.**

Zuerst, ______________________________

____

4 **a** **Unterstreiche die Verben, die für die Vorgangsbeschreibung benutzt wurden.**

b **Schreibe sie in der Grundform (Infinitiv ▶ S. 50) in dein Heft.**

5 **Überlege, welche anderen Gegenstände du an der Katzenangel befestigen könntest.**

Fellmaus, ______________________________

____

Eine Bastelanleitung schreiben – Die Katzenrassel

1 **Beschreibe, wie man eine Katzenrassel bastelt.**

●○○ **a Schau dir die Abbildung an und liste die benötigten Gegenstände und Werkzeuge in deinem Heft auf.**

Um eine Katzenrassel zu basteln, benötigt man:

- eine Walnuss, ...

b Wähle:
- **aus der linken Nussschale passende Wörter zur Beschreibung der Reihenfolge und**
- **aus der rechten Nussschale geeignete Verben. Die Verben musst du in der richtigen Form einsetzen.**

Ergänze mit diesen Wörtern die folgenden Textabschnitte 1–4 in deinem Heft.

1. ... nimmt man die Walnuss in die Hand und halbiert sie vorsichtig mit einem Messer. Dabei ist darauf zu achten, dass man nicht von der Nussschale abrutscht und sich in den Finger schneidet.

2. ... werden die beiden Nussschalen behutsam mit dem Messer ... Die beiden Nusshälften möglichst vollständig ...

3. Den Teelöffel mit Reis ... man in eine Nusshälfte ... Die Nusshälfte nicht vollständig mit Reis ...

4. Die Ränder der Nussschalen werden mit Kleber ... Die beiden Hälften der Walnuss ... man wieder zusammen und lässt sie 10 Minuten ... Nun ist die Katzenrassel fertig.

2 **Was könntest du statt einer Walnuss wählen? Notiere andere Möglichkeiten:** ____________________

Eine Bastelanleitung schreiben – Ein Papageienbonbon

1 **Beschreibe die Herstellung des Überraschungsbonbons für einen Papagei.**

●●● **a** **Schau dir die Abbildung an. Liste die benötigten Gegenstände und Werkzeuge in deinem Heft auf.**

Um ein Überraschungsbonbon für Papageien zu basteln, benötigt man:

- eine leere Klopapierrolle, ...

b **Wähle:**
- **aus der linken Sprechblase passende Wörter zur Beschreibung der Reihenfolge und**
- **aus der rechten Sprechblase geeignete Verben. Die Verben musst du in der richtigen Form einsetzen.**

Schreibe diese Bastelanleitung neben die Bilder.

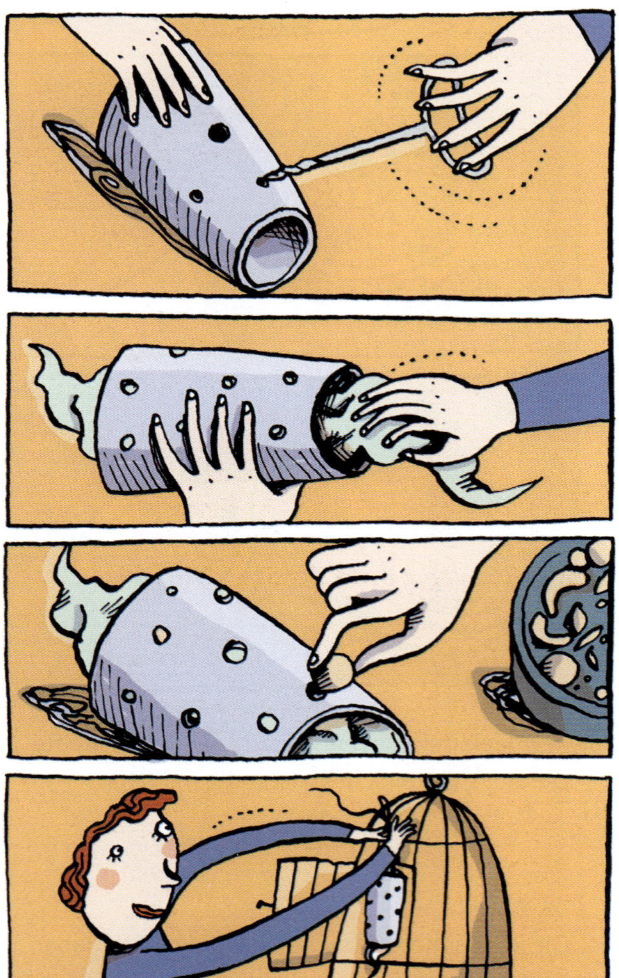

__________ nimmt man die leere Klopapierrolle in die Hand und bohrt mit einem Handbohrer Löcher in unregelmäßigen Abständen __________

__________.

____

____

____

____

____

____

____

____

____

2 **Nenne mögliche andere Gegenstände, die du statt einer Klopapierrolle verwenden könntest:**

____

Meinungen begründen – Fit in die Woche

Information **Die eigene Meinung begründen**

Um andere von der eigenen **Meinung** zu überzeugen, braucht man **Begründungen (Argumente)**.
Wir sollten Frühsport in der Schule durchführen, = **die Meinung**
denn *dadurch werden wir fit für den ganzen Tag.* = **die Begründung (das Argument)**
Die Meinung und die Begründung werden oft durch Verknüpfungswörter verbunden, z. B.:

- Nutze für deine erste Begründung (dein erstes Argument) diese Verknüpfungswörter, z. B.:
  *Ich bin dafür, dass ..., **denn** ... Meiner Meinung nach ..., **weil/da** ... Ich meine, es sollte ... **Dafür** spricht, dass ...*
- Nutze für deine weiteren Begründungen (weitere Argumente) diese Verknüpfungswörter, z. B.:
  ***Außerdem** ... **Ein weiteres Argument** ist, dass ... Man muss **auch** bedenken, dass ...*

In einer Schule wird das Thema „Mit Frühsport fit in die Woche“ diskutiert.
Die Klassensprecher und Klassensprecherinnen aller 5. Klassen tauschen sich aus:

1 **a** **Male die Sprechblasen der Schüler wie folgt aus: für den Frühsport: grün – gegen den Frühsport: rot.**
Tipp: Es sind 6 Begründungen dafür und 3 dagegen.
b **Übertrage die folgende Tabelle in dein Heft und ordne die Begründungen in die richtige Spalte ein.**
Tipp: Begründe mit Hilfe der Verknüpfungswörter: *weil, da, denn*.

JA: Ich bin dafür, das Programm „Mit Frühsport fit in die Woche“ einzuführen, ...	NEIN: Ich bin dagegen, das Programm „Mit Frühsport fit in die Woche“ einzuführen, ...
weil wir den ganzen Tag sitzen.	weil ...
denn ...	da ...

2 **Formuliere deine eigene Meinung zu dem Thema und begründe sie.**

Ich bin für/gegen die Idee, dass ...
weil ... .

Die meisten Klassensprecher waren dafür, das Programm „Mit Frühsport fit in die Woche“ einzuführen. Dieses Ergebnis wird allen Klassen der Schule in einem Brief mitgeteilt.

1 **Schreibe den Brief an die Klassen.**

a **Überlege zunächst, welche Begründungen deiner Liste (▶ S. 23) besonders überzeugend sind. Nummeriere die Begründungen von 1 (besonders überzeugend) bis 6 (weniger überzeugend).**

b **Ergänze den begonnenen Brief und schreibe ihn zu Ende.**
Verwende die Verknüpfungswörter: *weil, da, denn*.
Tipp: Im Brief wurde mit der überzeugendsten Begründung begonnen.

Liebe Mitschülerinnen und Mitschüler,

bei einem Treffen der Klassensprecherinnen und Klassensprecher der 5. Klassen sind wir zu dem Ergebnis gekommen, dass wir gern montags die Schule mit Frühsport beginnen möchten.

Wir bitten euch, das Programm „Mit Frühsport fit in die Woche“ zu unterstützen, da wir den ganzen Schultag lang viel zu viel sitzen. Außerdem finden die meisten Klassensprecher, dass ...

Wir würden uns freuen, wenn ihr unser Anliegen bei der Schulleitung unterstützen würdet.

Mit freundlichen Grüßen

die Klassensprecherinnen und Klassensprecher der 5. Klassen

Begründungen dagegen formulieren – Einen offiziellen Brief schreiben

Information **Einen offiziellen Brief schreiben – Ein Muster**

Ort, Datum: *Bonn, den 26.06.20...*

Anrede: *Liebe Mitschülerinnen und Mitschüler,*
Meinung: *... wir haben uns für/gegen das Projekt ... entschieden.*
Begründungen: *Aus folgenden Gründen finden wir ... gut/schlecht:*
Wir möchten (nicht), dass ..., weil (da, denn) ...
Der zweite Grund ist folgender: ...
Außerdem glauben wir, dass ...
Bitte: *Es wäre nett, wenn ihr ...*
Gruß: *Mit freundlichen Grüßen*
Unterschrift(en):

Auch die Schüler, die gegen das Programm „Mit Frühsport fit in die Woche" sind, teilen allen Klassen der Schule ihre Meinung in einem Brief mit. Zunächst sammeln sie ihre Begründungen gegen den Vorschlag.

Man muss auch bedenken, dass wir uns in allen Pausen austoben und da schon genug bewegen.

Wir bitten euch, die von uns genannten Begründungen zu berücksichtigen, wenn ihr euch eine Meinung bildet.

Mit freundlichen Grüßen

Liebe Mitschülerinnen und Mitschüler,

eure Klassensprecherinnen und Klassensprecher der 5. Klassen

Wir möchten nicht, dass das Programm „Mit Frühsport fit in die Woche" eingeführt wird, da viele von uns in einem Verein sind, wo sie regelmäßig Sport treiben.

Außerdem finden wir, dass Sport so früh am Morgen für viele Mitschülerinnen und Mitschüler eine Qual ist.

bei einem Treffen der Klassensprecherinnen und Klassensprecher aller 5. Klassen wurde die Idee des Frühsports am Montag in unserer Schule diskutiert.

Ebenso würden Staffelspiele die Klassengemeinschaft stärken. Wir fänden das toll.

1 ●○○
a Eine Begründung passt nicht in die Sammlung. Finde diese Begründung und streiche sie durch.
b Ordne die Bestandteile des Briefes in der richtigen Reihenfolge. Nummeriere sie von 1 bis 7.

2 ●○○ **Schreibe den fertigen Brief sauber und in der richtigen Reihenfolge in dein Heft.**

Die eigene Meinung mitteilen – Einen Brief überarbeiten

Checkliste

Einen Begründungsbrief gliedern

1 **Anrede:** Dein Brief beginnt mit der Anrede; danach folgt ein Komma oder selten ein Ausrufezeichen.
2 **Einleitung:** Du sagst, worum es geht.
3 **Meinung:** Deine Meinung wird deutlich formuliert.
4 **Begründung:** Du nennst mindestens zwei Begründungen für deine Meinung.
5 **Schluss:** Du hast einen Schlusssatz formuliert, z. B. einen Wunsch.
6 **Gruß:** Dein Brief endet mit einem Gruß und deinem Namen; davor machst du einen Absatz.

1 ●●● **Lies den Brief an die Schülervertretung (SV) und formuliere in einem Satz, worum es in ihm geht.**

Jn dem Brief geht es um ... ____________________

____________________.

Hallo, liebe Mitglieder der SV!

Jn der Pause habe ich auf dem Hof ein Gespräch zum Thema „Frühsport für alle" gehört.

Jch finde, dass dass eine ganz tolle Jdee ist!
Sport ist mein Lieblingsfach und deshalb finde ich es gut, wenn wir die Woche mit viel Bewegung beginnen können.
Außerdem könnten dann vielleicht wir auch Sportspiele mit den Parallelklassen machen. Jch finde, dass unsere Lehrer dabei mitmachen müssen. Die sitzen auch vil am Schreibtisch und in Konferenzen.
Durch das Toben beim sport bin ich bestimmt ruhiger im Deutschunterricht.

Wann wird darüber entschieden? Wenn ihr noch Unterstützung braucht: Jch bin dabei!

Max (Klasse 5c)

2 ●●● **Markiere im Brief in unterschiedlichen Farben: Einleitung, Meinung, Begründungen, Schluss.**

3 ●●● **Überarbeite in deinem Heft Max' Brief mit Hilfe der Checkliste.**
Nutze die Randleiste für Notizen und Verbesserungsvorschläge und beachte Folgendes:
- **Der Brief enthält drei Rechtschreibfehler.**
- **Einmal ist der Satzbau verkehrt.**
- **Ein wichtiger Briefbestandteil fehlt.**

Sachtexte lesen und verstehen

1 **Sieh dir das Bild genau an und lies die Überschrift des folgenden Textes. Formuliere in einem Satz, worum es in dem Text gehen könnte:**

Auf dem Bild ist ______________________________

____

____

____

zu sehen. Ich vermute deshalb, dass es in

dem Text um ______________________________

____

______________________________ geht.

2 **Lies den Text zunächst zügig. Kreuze an: Wird deine Vermutung aus Aufgabe 1 bestätigt?** ja ☐ nein ☐

Der Fernseheinkaufswagen

Gestresste Eltern können aufatmen. Der **Einkaufswagen mit eingebautem Fernseher** soll ihnen einen **ruhigen Einkauf** ermöglichen, indem er die **Kinder ablenkt.**

Das Ding ist knallbunt, sieht aus wie ein Spielzeug-Lastwagen und steckt voller „Hightech"-Technologie, die Eltern von quengeligen Kleinkindern das Einkaufen leichter machen soll. Das sagt jedenfalls der **Hersteller Cabco**. Ein **paar** hundert so genannte „TV-Karts", Einkaufswagen für Kinder mit eingebautem Fernsehbildschirm, werden zurzeit **im wichtigsten Supermarkt der Welt** in den **US-Bundesstaaten** Texas, Nevada und Illinois **getestet**.

„Denken Sie mal an Ihre eigene Kindheit zurück", so eine Cabco-Sprecherin im Radio. „Einkaufen war schon immer aufregend. Jetzt kann man dabei auch noch Filme gucken. Besser geht es nicht." Auf einem Chip im Einkaufswagen sind Trickfilme gespeichert, die bei Kindern besonders beliebt sind. Diese Filme garantieren zwei Stunden Programm. Die durchschnittliche Einkaufstour in Amerika dauert aber nur 58 Minuten.

Der Fernseheinkaufswagen soll die Einkaufszeit verlängern und Extraeinnahmen bringen. „Wenn die Kinder ruhig gestellt sind, dann fühlen sich die Kunden einfach wohler im Laden", wirbt Hersteller Cabco im Internet. „Und sie geben durchschnittlich pro Einkauf sechs Dollar mehr aus". Sieben, um genau zu sein. Denn die Einkaufswagen mit Fernseher müssen für einen Dollar gemietet werden.

Die Sache kommt anscheinend gut an. „Was ist schon ein Dollar, wenn man den Kleinen nicht mehr dauernd auf die Finger klopfen muss", meint eine begeisterte Mutter. Ihr Sohn sitzt im Wagen und guckt fern, anstatt in die Regale zu grabschen. Die Erfindung liegt ganz im US-Trend. Hier gibt es kaum noch eine Arztpraxis ohne Fernseher für Kinder. Und in immer mehr Familienautos hängen Flachbildschirme von der Decke, die die Kinder mit Disney-Filmen ruhig halten.

Natürlich gibt es auch warnende Stimmen. Psychologen[1] fürchten, dass Kinder davon verstört werden könnten und sie irgendwann das ganze Leben für einen Trickfilm halten. Doch nur wenige Eltern machen sich solche Sorgen. Sie denken eher wie dieser Opa, der zum ersten Mal entspannt einkauft, obwohl er seinen Enkel dabeihat: „Endlich ist er ruhig", sagt er. „Dieser Einkaufswagen ist die beste Idee aller Zeiten."

1 Psychologen untersuchen u. a. das Verhalten, Denken, Lernen und Fühlen von Menschen.

Sachtexte lesen – Inhalte, Schlüsselwörter, Zwischenüberschriften

1 ●○○ **Auf welche Fragen geht der Text ein? Kreuze an:**

		ja	nein
A	Wird im Text beschrieben, warum der Hightech-Einkaufswagen erfunden wurde?	☐	☐
B	Geht der Text darauf ein, wie Eltern den Einkaufswagen mit eingebautem Fernseher finden?	☐	☐
C	Wird im Text etwas dazu gesagt, wie groß der Bildschirm ist?	☐	☐
D	Werden auch Nachteile des Fernseheinkaufswagens beschrieben?	☐	☐

Schlüsselwörter unterstreichen

2 ●○○ **Lies den Text nun noch einmal gründlich durch.**

a **Im ersten Abschnitt wurden Wörter hervorgehoben, die wichtig sind, um den Text zu verstehen (Schlüsselwörter). Ein Wort ist zu viel markiert worden. Welches ist es?** ____________

b **Markiere auch im zweiten Abschnitt Schlüsselwörter.**

c **Versuche mit Hilfe der Schlüsselwörter, die du markiert hast, den folgenden Satz zu vervollständigen:**

Der Fernseheinkaufswagen enthält einen Chip, auf dem ____________ *gespeichert sind, welche die Kinder* ____________ *stellen und die dem Laden* ____________ *bringen.*

d **Markiere im dritten Abschnitt Schlüsselwörter. Es sollten nicht mehr als 5 – 7 Wörter sein.**

Zwischenüberschriften finden

3 ●○○ a **Schreibe die Schlüsselwörter aus dem ersten Absatz noch einmal auf:**

Einkaufswagen mit eingebautem Fernseher, ____________

____

b **Kreuze auf Grundlage der Schlüsselwörter eine passende Zwischenüberschrift für den ersten Absatz an:**

A	Was ist ein Hightech-Einkaufswagen?	☐	☐
B	Positive Ergebnisse des Einkaufswagen-Tests	☐	☐
C	Einkaufen mit Hilfe von neuen Medien	☐	☐
D	Wieso gehen Kinder nicht gerne einkaufen?	☐	☐
E	Wird gesagt, in welchen Ländern der Einkaufswagen in Zukunft eingesetzt werden soll?	☐	☐

c **Formuliere eine eigene Zwischenüberschrift für den ersten Absatz.**

____

Sachtexte lesen – Den Inhalt wiedergeben

1 ●●● **Beantworte die Fragen zum Text, indem du die Lücken in den Antwortsätzen ausfüllst. Kreuze auch an, in welchem Abschnitt du die Information gefunden hast:**

A Was hat der Hersteller Cabco erfunden? *Der Hersteller Cabco hat einen* ______________________ *erfunden.*

Diese Information steht im ersten ☐ zweiten ☐ dritten ☐ Abschnitt des Textes.

B Was ist das Besondere an diesem Einkaufswagen? *Das Besondere an diesem Einkaufswagen ist, dass Kinder darin* ______________________ *können.*

Diese Information steht im ersten ☐ zweiten ☐ dritten ☐ Abschnitt des Textes.

C Warum finden viele Eltern den Einkaufswagen gut? *Viele Eltern finden den* ______________________.

Diese Information steht im ersten ☐ zweiten ☐ dritten ☐ Abschnitt des Textes.

2 ●●● **Die folgende Zusammenfassung ist durcheinandergeraten. Nummeriere die Sätze in der richtigen Reihenfolge.**

☐ Der Einkaufswagen besitzt einen Bildschirm, auf dem die Kinder Trickfilme angucken können.

☐ Der Text „Der Fernseheinkaufswagen" berichtet von Einkaufswagen mit eingebautem Fernseher, die in Supermärkten der USA getestet werden.

☐ Viele Eltern sind begeistert von dieser neuen Erfindung.

☐ Der Hersteller Cabco verspricht sich dadurch Extraeinnahmen, da die Eltern entspannter einkaufen.

☐ Allerdings warnen Psychologen, dass Kinder durch zu viel Fernsehen vielleicht verstört werden.

3 ●●● **Fasse den Sachtext zusammen. Streiche aus den folgenden Möglichkeiten in Klammern die falsche durch.**

In dem Text (*„Der neue Einkaufswagen"/„Der Fernseheinkaufswagen"*) geht es um eine neue Erfindung, die derzeit in führenden (*Supermärkten/Bahnhöfen*) in den USA getestet wird. Der Einkaufswagen soll dabei (*helfen/zugucken*), dass Eltern mit Kindern entspannter einkaufen können. Die Kinder können (*Tiere/Trickfilme*) anschauen, während die Eltern sie im Wagen durch den (*Laden/Zoo*) schieben. Viele Eltern reagieren sehr (*positiv/negativ*) auf diese neue Erfindung. Experten warnen jedoch davor, dass Kinder dadurch (*verstört/verwöhnt*) werden könnten.

Sachtexte veranschaulichen – Ein Flussdiagramm ergänzen

Methode **Ein Flussdiagram anfertigen**

Ein **Flussdiagramm** bildet **Zusammenhänge** oder Abläufe anschaulich ab.
- Wichtige Informationen oder Zusammenhänge werden in Stichwörtern eingetragen und umrahmt.
- Die Reihenfolge der Informationen im Flussdiagramm entspricht in der Regel ihrer Reihenfolge im Sachtext.
- Der Zusammenhang und die Reihenfolge der Informationen werden durch Pfeile veranschaulicht.

1 **Stell dir vor, du möchtest den Inhalt des Sachtextes für einen Vortrag veranschaulichen. Vervollständige das Flussdiagramm mit passenden Informationen aus dem Sachtext (► S. 27).**

Die neue Erfindung

____

____

____

↓ sieht aus wie …

ein Spielzeuglastwagen mit „Hightech-Technologie“.

↓ Er wird derzeit getestet in …

____

↓ Es gibt ihn, weil …/Er wurde erfunden, um …

- ______________________________
- ______________________________
- ______________________________

↓ Positive Reaktionen

____

____

____

____

____

↓ Negative Reaktionen

____

____

____

____

____

2
a **Übertrage deine Ergebnisse auf eine Folie oder fertige Karteikarten an.**
b **Übe den Vortrag.**

Erzähltexte lesen und verstehen – Gregs Tagebuch

Information **Handlung, Figuren, Erzählweisen**

Erzähltexte können wirkliche oder ausgedachte Erlebnisse enthalten. Man unterscheidet insbesondere:

- **Die Handlung** oder das **Geschehen**. Mit Hilfe von W-Fragen kann man die Handlung näher beschreiben, z. B: *Was passiert? Wann und wo spielt die Geschichte?.*
- **Die Figuren:** In Erzählungen spielen Figuren eine wichtige Rolle. Die wichtigste Figur ist die **Hauptfigur.** Man lernt eine Figur kennen, wenn man darauf achtet, was sie redet, denkt, fühlt und wie sie handelt.
- **Die Erzählweise:** Erzähltexte behandeln oft außergewöhnliche, komische oder witzige Ereignisse. **Lustig** wird erzählt, wenn z. B. eine **Figur ein Spaßvogel** ist, der Situationen erlebt, die uns zum Lachen bringen.

Jeff Kinney

Gregs Tagebuch (5) – Geht's noch?

Greg hat es eilig, schnell älter zu werden. Aber ist das eine so gute Idee? Jedenfalls muss er feststellen: Erwachsenwerden ist gar nicht lustig! Denn plötzlich soll Greg „mehr Verantwortung" übernehmen. Er soll mehr duschen und Deo benutzen. Er soll in der Schule peinliche Aufklärungsvideos ansehen und Bücher über die Pubertät lesen.

Donnerstag

Tja, Dad meint es tatsächlich ernst damit, dass ich mehr Verantwortung übernehmen soll. Als Erstes soll ich ab sofort morgens allein aufwachen. Das ist allerdings ein ziemliches Problem, weil ich voll davon abhängig bin, dass ER mich weckt. So machen wir das schon seit Jahren, und es besteht für mich überhaupt kein Grund, daran etwas zu ändern. Dad sagt, wenn ich jetzt nicht lerne, mit einem Radiowecker wach zu werden, dann würde ich es noch nicht mal können, wenn ich auf die höhere Schule gehe. [...] Gestern habe ich zum ersten Mal versucht, durch den Wecker wach zu werden, das hat nicht besonders gut geklappt. Der Alarm fiepte und fiepte, aber dieser Ton fand einfach den Weg in meinen Traum. [...]

Das Problem ist mein Gehirn. Wenn mich kein echtes menschliches Wesen aufweckt, findet es immer eine Entschuldigung, um weiterzuschlafen. Trotzdem habe ich vielleicht eine Lösung für dieses Radioweckerproblem gefunden. Im Keller habe ich heute nämlich einen dieser alten Wecker zum Aufziehen entdeckt, und diese Uhren machen einen Höllenlärm, wenn sie klingeln. Ich habe gleich mal ausprobiert, ob er noch funktioniert, und das tut er verdammt gut. Ich glaube nicht, dass IRGENDJEMAND bei DIESEM Lärm weiterschlafen kann. Das einzige Problem dabei könnte sein, dass die Uhr keine Schlummerpausentaste hat, und ich mache mir Sorgen, dass ich das Ding abstelle und wieder einschlafe. Deshalb werde ich den Wecker heute Nacht unter meinem Bett verstecken. Wenn er früh klingelt, muss ich aufstehen, um ihn zu suchen, und dann bin ich auf jeden Fall wach.

1 **Beantworte mit knappen Worten die folgenden Fragen zum Text in deinem Heft.**

a **Wie heißt die Hauptfigur?**

b **Was erwartet der Vater?**

c **Welches Problem hat Greg?**

d **Wie versucht Greg, das Problem zu lösen?**

2 **Zu welchen Textstellen passen die Abbildungen? Markiere die Zeilen farbig.**

3 **Wie kann man sich Greg vorstellen? Ordne die Aussagen in der Tabelle den passenden Textstellen zu. Schreibe die Nummern in die Kästchen. Manchmal passen die Textstellen auch zu mehreren Aussagen.**

Aussagen zu Greg	Textstellen (Zitate)
A Greg ist in der Pubertät. 1 ☐ ☐	1 „Denn plötzlich soll Greg mehr Verantwortung übernehmen, mehr duschen und Deo benutzen." (Z. 2 f.)
B Er hat ein gutes Verhältnis zu seinem Vater. ☐	2 „Er soll in der Schule peinliche Aufklärungsvideos ansehen und Bücher über die Pubertät lesen." (Z. 3 f.)
C Greg ist noch nicht auf einer höheren Schule. ☐ ☐	3 „Erwachsenwerden ist gar nicht lustig." (Z. 1 f.)
D Er hat einen tiefen Schlaf. ☐	4 „... weil ich davon abhängig bin, dass ER mich weckt." (Z. 14 f.)
E Sein Vater möchte, dass er mehr Verantwortung übernimmt. ☐	5 „Trotzdem habe ich vielleicht eine Lösung für dieses Radioweckerproblem gefunden." (Z. 28 f.)
F Er ist kreativ und erfinderisch. ☐ ☐	6 „... und ich mache mir Sorgen, dass ich das Ding abstelle und wieder einschlafe." (Z. 38 f.)
G Er kann sich selbst gut einschätzen. ☐	7 „Deshalb werde ich den Wecker heute Nacht unter meinem Bett verstecken." (Z. 40 f.)
	8 „... dann würde ich es noch nicht mal können, wenn ich auf die höhere Schule gehe." (Z. 19 f.)
	9 „Gestern habe ich zum ersten Mal versucht, durch den Wecker wach zu werden, das hat nicht besonders gut geklappt." (Z. 21 f.)

4 **Beschreibe Greg mit Hilfe der Aussagen und der Textstellen in einem kleinen Text. Schreibe in dein Heft.**

5 **Ist Gregs Tagebucheintrag lustig?**
a **Unterstreiche in den ersten drei Spalten rechts zutreffende Begründungen.**
b **Ergänze in der letzten Spalte die fehlende Begründung.**

„Der Alarm fiepte und fiepte, aber dieser Ton fand einfach den Weg in meinen Traum." (Z. 23 f.)

Die Textstelle ist lustig, weil ...
A Greg den Alarm des Weckers in seinem Traum als das Fiepen von Kaninchen wahrnimmt.
B Greg im Schlaf anfängt zu fiepen.
C Greg von einem Wecker träumt.

„Das Problem ist mein Gehirn. Es findet immer eine Entschuldigung, um weiterzuschlafen." (Z. 26 f.)

Die Textstelle ist lustig, weil ...
A ein Gehirn eigentlich nicht sprechen kann, um eine Entschuldigung zu geben.
B ihm sein Gehirn weh tut, da Greg ständig wach ist.
C Gregs Gehirn ihm sagt, dass er unbedingt aufstehen soll.

„... und diese Uhren machen einen Höllenlärm." (Z. 32 f.)

Die Textstelle ist lustig, weil ...
A Greg an den Teufel glaubt und von ihm träumt.
B Greg das Klingeln der Uhr völlig übertrieben als „Höllenlärm" bezeichnet.
C der Krach aus einer Höhle kommt.

„Deshalb werde ich den Wecker heute Nacht unter meinem Bett verstecken. Wenn er früh klingelt, muss ich aufstehen, um ihn zu suchen, und dann bin ich auf jeden Fall wach." (Z. 40 f.)

Die Textstelle ist lustig, weil ______________________

____

____

Lustig erzählen – Handlungen richtig zuordnen

1 ●○○ **Bringe die Textausschnitte aus „Gregs Tagebuch“ in die richtige Reihenfolge. Nummeriere die Ausschnitte von 1 bis 5.**

Freitag

1 Wie sich herausstellte, bringt der neue Wecker nur lauter Probleme mit sich. Weil diese Uhr unter meinem Bett so laut getickt hat, kam es mir vor, als würde ich auf einer Bombe schlafen, die jeden Moment hochgehen konnte. Der Stress hat mich die halbe Nacht wach gehalten.

_____ Der Rektor sagte über den Lautsprecher, dass derjenige, der den Alarm ausgelöst hatte, vom Unterricht ausgeschlossen wird, und er solle sich ja freiwillig stellen. [...] Nach der dritten Pause ging das Gerücht rum, dass der Feuermelder einem unsichtbare Farbe auf die Hand spritzt, wenn man drankommt, und die Lehrer hätten einen speziellen Handröntgenapparat, durch den die Flüssigkeit sichtbar würde. Deshalb würde es nur eine Frage der Zeit sein, bis der Schuldige gefunden ist. Jeder begann sich zu fragen, ob das Gerücht möglicherweise von den LEHRERN in Umlauf gebracht worden sei. Dann wäre es vielleicht nur ein Trick, um zu sehen, wer als Erster auf die Toilette rennt und sich die Hände wäscht.

_____ Die ganze Schule musste geräumt werden, und drei Minuten später standen lauter Feuerwehrautos vor dem Eingang. Nachdem die Feuerwehr dann herausgefunden hatte, dass es kein Feuer gab, durften wir alle wieder in die Schule.

_____ Jetzt wurde es RICHTIG verrückt. KEINER wollte mehr auf die Toilette gehen, und jeder, der eigentlich musste, versuchte irgendwie bis zum Schulschluss durchzuhalten. Der Rektor musste schließlich die Schule sogar früher beenden, weil sich einfach niemand mehr die Hände waschen wollte, und das obwohl wir gerade mitten in einer Grippewelle steckten.

_____ Tagsüber in der Schule musste ich dann schlafwandeln, das ging eine Weile gut, bis wir eine Versammlung hatten. Wir mussten uns vor der Aula anstellen, und ich habe mich an die Wand gestützt. Dabei muss ich für eine halbe Sekunde eingeschlafen sein, denn meine Hand rutschte ab und hat versehentlich den Feueralarm ausgelöst.

2 ●○○ **Welche beiden Textstellen aus Aufgabe 1 passen zu den folgenden zwei Bildern? Notiere die Nummer.**

Textstelle Nummer: _____

Textstelle Nummer: _____

3 **Wähle eine Textstelle aus Aufgabe 1. Zeichne ein passendes Bild dazu.**

Textstelle Nummer: _____

Mit eigenen Worten – Textstellen verstehen und wiedergeben

1 ●●● **Lies noch einmal die Geschichte von Greg auf S. 31.**
Worum geht es in der Geschichte? Entscheide, ob die folgenden Aussagen zutreffen.
Korrigiere die Falschaussagen.

A Gregs Vater meint, dass sein Sohn mehr Verantwortung übernehmen sollte.
B Das Geräusch des Weckers hat Greg so sehr erschreckt, dass er davon geträumt hat.
C Greg bekommt von seiner Mutter einen neuen Wecker geschenkt.
D Damit er den Wecker nicht so laut hört, versteckt er ihn unter seinem Bett.

2 ●●● **Wie könnte man das, was im Text steht, mit eigenen Worten erläutern?**
Ordne der Textstelle die richtige Erklärung zu und verbinde sie.

1 „Der Alarm **fiepte und fiepte** …“ (Z. 24)

2 „… aber dieser Ton **fand einfach den Weg in meinen Traum.**“ (Z. 24 f.)

3 „Das ist allerdings ein ziemliches Problem, weil ich voll **davon abhängig bin**, dass ER mich weckt.“ (Z. 12–16)

a Greg hört zwar das Weckerklingeln, aber er schläft und träumt weiter. Er baut diesen Ton in seinen Traum ein, indem er sich vorstellt, das Geräusch käme von einem Kaninchen.

b Greg meint, er könnte es nicht alleine schaffen, aufzustehen. Er ist es gewohnt, dass sein Vaters ihn weckt. Anders kennt Greg es bisher nicht.

c Ein Fiepen ist ein hoher, pfeifender Ton. Greg beschreibt so das fortwährende Geräusch des Weckers, das wahrscheinlich jeden anderen geweckt hätte.

3 ●●● **Im Internet tauschen sich einige Schüler über Gregs Tagebücher aus.**
Wie du im Folgenden nachlesen kannst, findet Yannic die Geschichten „megalustig“ und Jule sagt, sie seien „zum Brüllen komisch“.
Überlege, wie du den Tagebucheintrag, den du gelesen hast, bewerten würdest. Begründe deine Meinung.

Yannic, 11 Jahre
MEGALUSTIG! ABSOLUT BESTES BUCH DER WELT AUF JEDENFALL!!! <(:D

Jule Assmann, 11 Jahre

Ich liebe Gregs Tagebuch, es ist echt zum Brüllen komisch!!!!! Ich hab es in die Schule mitgenommen, um in Pausen zu lesen und es allen voller Freude zu zeigen, doch meine Mutter sagte, dass ich nicht so viel lesen soll, sonst hab ich es gleich durch.

Ich finde den Tagebucheintrag, den ich gelesen habe ______ , weil

Ein Märchen fortsetzen – Die hilfsbereite Bauerstochter

Methode **Ein Märchen fortsetzen**

- Lass **typische Märchenfiguren** (z. B. *Hexe, Zauberer, Prinz*) oder sprechende Tiere auftreten.
- Erzähle, wie die Hauptfigur (z. B. *die Bauerstochter*) **Prüfungen oder Aufgaben** besteht.
- Beschreibe **magische Orte** (z. B. *eine Drachenhöhle, einen tiefen Brunnen*).
- Verwende **besondere Zahlen** (z. B. *3 Prüfungen, 7 Freunde, 12 Ringe*).
- Lass das Märchen **gut enden**.
- Formuliere einen **typischen Schlusssatz** wie: *Und wenn sie nicht gestorben sind, dann ...*
- Erzähle in der Zeitform **Präteritum** (▸ S. 57).

1 **Wenn du einen Text fortsetzt, solltest du dir seinen Inhalt sehr genau vorstellen können. Lies den Märchenanfang und beantworte die folgenden Fragen.**

Die hilfsbereite Bauerstochter

Es war einmal eine arme Bauerstochter. Sie hieß Annabel, war sehr hübsch und lebte mit ihren Eltern in einem alten Bauernhaus. In der Nähe befand sich das Schloss des mächtigen Königs Theobald, der drei Söhne hatte.

An einem sonnigen Morgen ging das Mädchen zum Fluss, um die Wäsche zu waschen. Dort saß zu ihrem Überraschen Hubertus, der älteste Sohn des Königs. Er war verletzt und wusch seine Wunden. Annabel wusste, wie man mit Kräutern Wunden heilen konnte, und half Hubertus in seiner Notlage.

Als der König von ihrer Hilfe erfuhr, lud er die Bauerstochter in sein Schloss ein und sprach zu ihr: „Ich bin dir sehr dankbar, dass du Hubertus geholfen hast. Wenn du so geschickt in der Kräuterkunde bist, kannst du sicher auch meinen jüngsten Sohn, Heinrich, heilen. Er ist seit langer Zeit erkrankt und hat hohes Fieber. Wenn es dir gelingt, ihm zu helfen, dann sollst du drei Wünsche frei haben.“ Annabel konnte ihr Glück kaum fassen ...

a **Weshalb wird Annabel ins Schloss des Königs eingeladen?** *Sie wird eingeladen, weil ...* ______________________

____

b **Wie reagiert Annabel auf die Aufforderung des Königs? Kreuze an:**

☐ Sie lehnt ab und verlässt sofort das Schloss. ☐ Sie sagt ihre Hilfe zu und eilt zum kranken Sohn.

c **Wie könnte es der Bauerstochter gelingen, Heinrich gesund zu machen?**

Annabel könnte den Königssohn heilen, indem sie ... ______________________

____.

d **Am Ende hat Annabel drei Wünsche frei. Was könnte sie sich wünschen? Wähle aus und ergänze:**

☐ Reichtum für ihre Familie ☐ Unsterblichkeit ☐ weitere Wünsche ☐ ein eigenes Königreich

____

2 **Schreibe in deinem Heft das Märchen zu Ende. Beachte die Hinweise aus dem Infokasten.**

Einen Schreibplan ergänzen – Die magische Feder

1 ●○○ **Lies den Märchenanfang mehrmals durch, bis du dir den Inhalt mit geschlossenen Augen vorstellen kannst.**

Die magische Feder

Es war einmal ein kleiner Junge, der hieß Joshua. Irgendwann hatte er aufgehört zu wachsen. Alle machten sich große Sorgen um ihn, weil er so winzig und schwach war. Eines Tages fand Joshua, als er im Wald spielte, eine lange, silbrig glänzende Feder. Er nahm sie mit nach Hause und legte sie auf den alten Holztisch in seiner Kammer.

Am nächsten Morgen stellte er verwundert fest, dass die Feder ihm eine Aufgabe auf ein Blatt geschrieben hatte …

2 ●○○ a **Ergänze den folgenden Schreibplan. Beachte die Schreibtipps, wenn du deine Schreibideen formulierst.**

Fortsetzung des Märchens	Schreibtipps	Meine Schreibideen
Joshua las: „Befreie den gefangenen Fasan im Wald."	Knüpfe an den Ausgangssatz der Geschichte an.	*Nachdem Joshua das Geschriebene gelesen hatte, eilte er in den Wald, um dort …*
Joshua sucht den Vogel in einer Höhle und auf verschiedenen Bäumen, findet ihn aber nicht.	Schreibe im Präteritum.	
…	Ergänze einen weiteren Handlungsschritt. Benutze Verbindungswörter: „da", „plötzlich", „dann".	
Joshua begegnet einem Zwerg. Vom Zwerg stammt die Feder.	Schreibe das Gespräch mit dem Zwerg und verwende die wörtliche Rede.	
Da Joshua noch kleiner ist als der Zwerg, kann er dem Zwerg helfen und den Fasan befreien.	Erzähle, wie Joshua die Aufgabe ausführt.	
Joshua wächst wieder und wird stark.	Denke dir einen geeigneten Schluss aus. Verwende einen typischen Schlusssatz.	

b **Schreibe die endgültige Fassung des Märchens in dein Heft.**

Ein Märchen weiterschreiben – Die Schneider

Titel: ______________________________

Es waren einmal zwei verfeindete Schneider, die in einem Dorf lebten und sich um ihr Ansehen beim König stritten. Jeder von ihnen wollte besser sein als der andere und Aufträge vom König bekommen …

1 ●●● **Wie könnte die Geschichte weitergehen?**
– Wähle eine der Ideen aus, die auf dem linken Notizzettel genannt werden, oder
– notiere auf dem rechten Notizzettel eigene Ideen.

Möglichkeiten, wie das Märchen weitergeht

- [ ] Der König stellt den Schneidern eine Aufgabe, damit sie sich beweisen können.
- [ ] Die Schneider müssen ein Kleidungsstück für die Königin schneidern.
- [ ] Einer der Schneider versucht zu betrügen, doch der Schwindel fliegt auf.

Meine Ideen – So geht das Märchen weiter

____

____

____

____

2 ●●● a **Verfasse deine Märchenfortsetzung in deinem Heft. Schreibe im Präteritum (▸ S. 57). Kreuze an, sobald du folgende Märchenmerkmale in deiner Fortsetzung berücksichtigt hast:**

Ich habe einen magischen Ort beschrieben.	☐
Ich habe besondere Zahlen (3, 7, 12) verwendet.	☐
Ich habe eine Prüfung beschrieben, die bestanden werden muss.	☐
Ich habe typische Märchenfiguren auftreten lassen.	☐

b **Formuliere auch einen passenden Titel für das Märchen.**

Ein Gedicht gestaltend vortragen – Die Wühlmaus

Methode | **Wirkungsvoll vortragen**

Damit man dir gern und aufmerksam zuhört, musst du auf folgende Punkte achten:

- **Aussprache:** Sprich deutlich!
- **Lesetempo:** Lies nicht zu schnell und nicht zu langsam, setze **Pausen** gezielt ein. Markiere die Pausen im Text durch einen senkrechten Strich |.
- **Stimme:** Du kannst die **Stimme heben** (höher sprechen) **oder senken** (tiefer sprechen). Markiere das durch Pfeile: Stimme heben: ↗ Stimme senken: ↘ . Du kannst auch **lauter oder leiser** werden.
- **Betonung:** Lies wichtige Wörter besonders bedeutungsvoll! Umrahme sie.

1 **Lies dir das folgende Gedicht mehrmals laut vor. Beachte die Hinweise und die bereits gesetzten Zeichen für Pause, Stimme und Betonung.**

2 **Trage in die Strophen 2 – 4 deine Zeichen für den Vortrag ein. Wo hältst du Pausen für sinnvoll, wo solltest du die Stimme heben oder senken usw.?**

3 **Um zu üben, kannst du einer Freundin, einem Freund oder deinen Eltern laut vorlesen. Wenn du das Gedicht aufnimmst, kannst du dich selbst kontrollieren.**

Fred Endrikat

Die Wühlmaus

Die Wühlmaus nagt von einer „Wurzel“
| ↘
das „W“ hinfort – bis an die „Urzel“.
↗
Sie nagt dann an der hintren Stell
|
auch von der „Urzel“ noch das „l“.

Die Wühlmaus nagt und nagt – oh weh –
auch von der „Urze“ noch das „e“.
Sie nagt die Wurzel klein und kurz,
bis aus der „Urze“ wird ein „Urz“.

Betone diese Stelle.
Lies sie überrascht, traurig, entsetzt ... vor.

Die Wühlmaus – ohne Rast und Ruh –
nagt von der „Urz“ auch noch das „U“.
Der Rest ist schwer zu reimen jetzt,
es bleibt zurück nur noch ein „Rz“.

Nun steht die „Rz“ im Wald allein,
die Wühlmäuse sind so gemein.

Betone das Wort „gemein“ besonders.
Lies es entsetzt, wütend oder empört vor.

Wortarten – Von Piraten und anderen wilden Wesen

Nomen verwenden

Methode **Das Nomen und der bestimmte Artikel**

Die meisten Wörter unserer Sprache sind **Nomen** (auch: Hauptwörter, Substantive). Nomen bezeichnen:
- **Lebewesen**, z. B.: *der Pirat, die Möwe, das Seeungeheuer, Tom, Hannah*
- **Dinge**, die man anfassen kann, z. B.: *der Anker, die Insel, das Schiff*
- **Gedanken und Ideen**, z. B.: *der Mut, die Angst, das Wunder*
- **Alle Nomen** werden immer **großgeschrieben**.
- Vor ein Nomen kann man *der, die* oder *das* setzen. Diese Begleiter nennt man **bestimmte Artikel**.

1 **In der folgenden Zeitungsmeldung fehlen alle Nomen.**
Füge aus dem Wortspeicher passende Nomen in den Text ein, sodass er verständlich wird.
Tipp: Die Artikel vor den Nomen kannst du für diesen Text weglassen.

Wortspeicher

~~(der) Spaziergang~~ (die) Flaschenpost (die) Landkarte (der) Junge (der) Abfall (der) Zettel (der) Schüler (die) Flasche (die) Hand (der) Schatz (die) Karte

Hamburg. Bei einem *Spaziergang* an der Elbe entdeckte Jonas M., ein zwölfjähriger ____________, zufällig eine ____________. Zunächst hielt der ____________ die ____________ für ____________ und wollte sie fortwerfen. Erst als er genauer hinsah, entdeckte er einen ____________ darin. Es stellte sich heraus, dass er eine sehr alte ____________ in der ____________ hielt. Nun rätselt man, ob die ____________ zu einem wertvollen ____________ führt.

2 **Was ist gemeint?**
Schreibe die gesuchten Nomen mit ihren Artikeln auf.

In kleinen Körnchen liegt er am Strand: *d* ____ *S* ____________

Es ist durchsichtig und macht doch nass: ____________

Warm scheint sie vom Himmel: ____________

Information **Das Nomen und das grammatische Geschlecht (Genus)**

Nomen haben ein **grammatisches Geschlecht** (das Genus).
Das Geschlecht erkennt man an dem **Artikel**, der das Nomen begleitet. Ein Nomen ist:

- **männlich** (Maskulinum), z. B.: ***der*** *Sturm*, ***der*** *Kapitän*, ***der*** *Schatz*
- **weiblich** (Femininum), z. B.: ***die*** *Mannschaft*, ***die*** *Flotte*, ***die*** *Truhe*
- **sächlich** (Neutrum), z. B.: ***das*** *Geheimnis*, ***das*** *Fernrohr*, ***das*** *Meer*

Vor einem Nomen kann ein **bestimmter Artikel** (*der*, *die*, *das*) oder ein **unbestimmter Artikel** (*ein*, *eine*, *ein*) stehen.

3 **Umrahme die Nomen in Aufgabe 2, S. 39, in diesen Farben: männlich (blau), weiblich (rot), sächlich (grün).**

4 **a In dem Piratenschiff sind zehn Nomen versteckt.**
Schreibe die Nomen mit einem bestimmten und einem unbestimmten Artikel auf.
Tipp: Schlage im Wörterbuch nach, wenn du bei einem Artikel nicht sicher bist (▸ S. 39).

die/eine Welle, ______________________________

____

____

b Bilde mit passenden Nomen aus Aufgabe 4 a zwei sinnvolle Sätze.

Auf dem Wasser tanzt eine … ______________________________

Eine Möwe landet … ______________________________

5 **Ein Nomen passt nicht. Streiche in jeder Gruppe das Nomen durch, das nicht dazugehört.**
Tipp: Achte nur auf die Bedeutung, nicht auf den Artikel.

das Gold	die Kette	der Wind	der Weg	die Lupe
das Silber	der Ring	der Regen	die Tür	das Fernrohr
das Plastik	das Armband	der Sturm	der Eingang	die Brille
der Edelstein	der Schal	der Orkan	das Tor	die Landkarte

Information **Nomen im Singular (Einzahl) oder Plural (Mehrzahl)**

Nomen stehen entweder in der Einzahl (Singular) oder in der Mehrzahl (Plural).

Grammatisches Geschlecht (Genus)	Einzahl (Singular)	Mehrzahl (Plural)
▪ **männlich** (Maskulinum)	der Berg	die Berge
▪ **weiblich** (Femininum)	die Höhle	die Höhlen
▪ **sächlich** (Neutrum)	das Versteck	die Verstecke

6 **a** **Betrachte die Schatzkarte. Beschreibe, wie man zu dem Schatz gelangt.**
Füge mit Hilfe des Wortspeichers passende Nomen im Singular oder Plural in den Lückentext ein.
Tipp: Die Artikel vor den Nomen kannst du für diesen Text weglassen.

Wortspeicher

die Hütte – die Hütten
die Insel – die Inseln
der Hügel – die Hügel
die Richtung – die Richtungen
der Baum – die Bäume
~~das Ziel~~ – die Ziele
der Eingang – die Eingänge
der Schatz – die Schätze
der Berg – die Berge
die Höhle – die Höhlen

Um zu dem *Ziel* zu gelangen, muss man an der Ostküste der ______________ ankern. Südlich erkennt man zwei verfallene ______________, die auf einem kleinen ______________ stehen. Nördlich kann man in der Ferne die beiden ______________ der sagenumwobenen „Diamantenhöhle“ sehen. Man läuft ______________ Norden und lässt die ______________ rechts hinter sich. Nach einer Weile gelangt man zum „Tal der Finsternis“. Deutlich erkennt man die fünf ______________, die das Tal umgeben. Schließlich sieht man an der Westküste zwei auffällige ______________. Dort befindet sich der ______________.

b **Umrahme alle Nomen im Singular blau und alle Nomen im Plural grün.**

7 **Ergänze das jeweilige Nomen im Plural. Umrahme das Nomen, das sich im Plural nicht verändert.**

das Schiff – *die Schiffe*

der Kapitän – die ______________

die Mannschaft – die ______________

der Spaten – die ______________

Information **Die vier Fälle des Nomens – Die Kasus (Einzahl: der Kasus)**

Im Satz können die Endung des Nomens und sein Artikel unterschiedliche Formen annehmen. Man sagt, das Nomen steht in einem bestimmten Fall (Kasus).
Im Deutschen gibt es vier Fälle. Durch Fragen kann man diese Fälle ermitteln.

Beispiel	**Frage**	**Fall** (Kasus)
Der Mann *erzählt.*	**Wer oder was** *erzählt?*	1. Fall: **Nominativ**
Die Geschichte ***des Mannes*** *ist spannend.*	**Wessen** *Geschichte ist spannend?*	2. Fall: **Genitiv**
Wir hören ***dem Mann*** *zu.*	**Wem** *hören wir zu?*	3. Fall: **Dativ**
Wir loben ***den Mann****.*	**Wen oder was** *loben wir?*	4. Fall: **Akkusativ**

Meist ist der Kasus am veränderten Artikel des Nomens erkennbar, manchmal auch an der Endung des Nomens, z. B.:
- der Wind (Nominativ) → **des** Wind**es** (Genitiv)
- die Wolke (Nominativ) → **der** Wolke (Genitiv)
- das Wetter (Nominativ) → **des** Wetter**s** (Genitiv)

Wenn man ein Nomen in einen anderen Fall setzt, nennt man das **beugen (deklinieren)**.

8 **In der folgenden Information geht es um den gefürchteten Seefahrer Francis Drake.**
a **Ergänze mit Hilfe der Information den Notizzettel unten.**
Setze das Nomen „Schiff" im richtigen Fall mit dem dazugehörigen Artikel ein.

Eine riesige Beute

Der Engländer Francis Drake war ein gefürchteter Pirat und Weltumsegler. Ganz besonders hatte er es auf die kostbare Fracht fremder Flotten abgesehen. 1579 hatte das Schiff Nuestra Señora de la Concepción einen wertvollen Schatz geladen. Drake gelang es, das Schiff zu überfallen und den Schatz in seinen Besitz zu bringen.
Der Fang übertraf alles, was ein Seeräuber bis dahin erbeutet hatte. Im Frachtraum des Schiffes fand Drake Gold und Silber, Edelsteine und teure Gewürze. Um dem Schiff die wertvolle Ladung zu entnehmen, soll seine Mannschaft sechs Tage lang mit dem Umladen beschäftigt gewesen sein.

Überfall auf die „Nuestra Señora de la Concepción" (1579)

– Der Schatz war besonders wertvoll, den ________ ________________ geladen hatte.

– Francis Drake konnte ________ ________________ überfallen und den größten Schatz aller Zeiten erbeuten.

– Gold, Silber und Edelsteine befanden sich im Frachtraum ________ ________________ .

– Sechs Tage dauerte es, bis die Mannschaft ________ ________________ die Ladung entnommen hatte.

b **Unterstreiche farbig die Sätze, in denen sich der Artikel „das" verändert.**
c **Markiere das Nomen, bei dem eine Endung ergänzt werden muss. Nenne den Fall:** ________________

9 **a Beantworte die Fragen A–D. Unterstreiche dazu im folgenden Text die Nomen in der gleichen Farbe.**

A Wem befahl die Königin, möglichst viele spanische Schiffe zu überfallen? (orange)

B Wer hatte schon als dreizehnjähriger Schiffsjunge sein Handwerk gelernt? (grün)

C Wessen Aufgabe sollte geheim bleiben? (blau)

D Wen beauftragte die Königin, die Magellanstraße zu suchen? (rot)

Der Seefahrer Francis Drake

Schon als dreizehnjähriger Schiffsjunge hatte der Seefahrer Francis Drake sein Handwerk gelernt. Später beauftragte die englische Königin den Seefahrer, die Magellanstraße zu suchen. Dieser Seeweg führt an Südamerika vorbei und gilt als besonders schwierig. Zudem befahl sie dem Seefahrer, möglichst viele spanische Schiffe zu überfallen und den Besitz an sich zu bringen. Diese Aufgabe des Seefahrers sollte natürlich geheim bleiben. Offiziell verurteilte die Königin sogar Drakes Treiben.

b Schreibe die unterstrichenen Nomen in die folgende Tabelle. Ergänze den Fall und die zugehörige Frage.

Nomen	Frage	Fall (Kasus)
der Seefahrer F. Drake	Wer oder was …?	1. Fall: Nominativ

10

Setze die Nomen, die auf der Fahne stehen, so ein, dass die folgenden Sätze stimmen:

Nur wenige Piraten haben ______________________ vergraben. Allerdings sind ______________________ nur selten gefunden worden. Dafür stieß man auf Gold und Silber, das aus Furcht vor Piratenüberfällen vergraben wurde. So konnte es ______________________ nicht in die Hände fallen. Die meisten Piraten haben die Beute ______________________ rasch weiterverkauft.

Nomen – Allein auf der Insel (Teil 1)

1 Im Text „Allein auf der Insel“ sind einige Nomen fett gedruckt hervorgehoben.

●○○ **a** Umrahme jeweils den bestimmten oder unbestimmten Artikel vor den hervorgehobenen Nomen.

b Kennzeichne wie im Beispiel mit einem Pfeil, zu welchem Nomen der Artikel gehört.

Allein auf der Insel

Der englische **Seefahrer** William Dampier (1651–1715) war vielseitig und sehr gebildet. Er umsegelte dreimal die **Welt** und entdeckte auf den **Reisen** zahlreiche unbekannte Länder. Der **Entdecker** und Forscher begleitete sogar eine **Piratengruppe** auf den **Raubzügen** gegen Schiffe und Städte. Während Dampiers zweiter Weltumseglung im Jahr 1705 ließ sich ein **Matrose** auf einer unbewohnten Insel weit vor der chilenischen **Küste** aussetzen. Er befürchtete, das alte **Schiff** würde bald sinken – und tatsächlich erlitt der **Segler** kurz darauf Schiffbruch und große Teile der Mannschaft kamen ums Leben. Vier Jahre später ging Dampier wieder an Bord und gelangte erneut zu der Insel, auf der der Matrose ausgesetzt worden war. Plötzlich entdeckte man ein **Feuer** auf der Insel …

2 Die fett gedruckten Nomen stehen entweder im Singular (in der Einzahl) oder im Plural (in der Mehrzahl).

●○○ Schreibe die Nomen mit ihren Artikeln in die Tabelle und kreuze an, z. B.:

	Singular (Einzahl)	Plural (Mehrzahl)
der Seefahrer	*X*	

Nomen – Allein auf der Insel (Teil 2)

1 ●●●
a Lies den Beginn des Textes auf S. 44.
b Notiere in der folgenden Fortsetzung hinter den unterstrichenen Nomen die richtigen Fragewörter. Nenne auch den Fall (Kasus), z. B.:

… und informierte den Kapitän (Wen oder was? - Akkusativ). Dieser schickte Matrosen (__________) an Land, die der Ursache des Feuers auf den Grund gehen sollten. Es stellte sich heraus, dass der Matrose (__________), der damals ausgesetzt wurde, vier Jahre lang auf der Insel überlebt hatte. Die ganze Zeit hindurch hatte sich der Mann (__________) nur von Krebsen, Ziegenfleisch und Obst ernährt. Die Matrosen (__________) nahmen sich des Mannes (__________) an und kehrten mit ihm in seine Heimatstadt zurück.

2 ●●●
Der Textschluss ist schwer zu verstehen, denn darin stehen einige Nomen noch nicht im richtigen Fall. Schreibe den Text so auf, dass die Nomen im richtigen Fall stehen.

Der Kapitän des Schiffes, Woodes Rogers, kehrte in seine Geburtsstadt Bristol zurück und verfasste (ein Reisebericht) mit seinen Erlebnissen. Der Titel (das Buch) lautete: „A Voyage around the World“.
In diesem Buch beschreibt der Kapitän (der Aufenthalt) des Matrosen auf der Insel.
Die Veröffentlichung (das Buch) brachte (der Schriftsteller) Daniel Defoe auf die Idee, (ein Roman) zu schreiben, der 1719 unter dem Titel „Robinson Crusoe“ erschien.

Der Kapitän des Schiffes, …

Personalpronomen verwenden

Information **Das Personalpronomen (persönliches Fürwort; Plural: die Pronomen)**

Mit den **Personalpronomen** (*ich, du, er, sie, es, wir, ihr, sie*) kann man Nomen ersetzen, z. B.:
Der Kapitän ist der Anführer eines Schiffes. Er gibt die Befehle. Ihm müssen alle gehorchen.

Fall (Kasus)	**Singular (Einzahl)**			**Plural (Mehrzahl)**		
	1. Pers.	2. Pers.	3. Pers.	1. Pers.	2. Pers.	3. Pers.
1. Nominativ: Wer oder was?	ich	du	er/sie/es	wir	ihr	sie
2. Genitiv: Wessen?	meiner	deiner	seiner/ihrer/seiner	unser	euer	ihrer
3. Dativ: Wem?	mir	dir	ihm/ihr/ihm	uns	euch	ihnen
4. Akkusativ: Wen oder was?	mich	dich	ihn/sie/ihn	uns	euch	sie

1 **Ein Text, der immer mit demselben Nomen beginnt, wirkt wenig abwechslungsreich. Überarbeite ihn: Streiche die markierten Nomen durch und schreibe ein passendes Personalpronomen darüber.**

Waren nur Männer Piraten?

Frauen waren auf Piratenschiffen eine absolute Seltenheit. Frauen wurden dort nicht geduldet. Einige abenteuerlustige Frauen ließen sich von dem Verbot nicht abschrecken. Die Frauen heuerten in Männerkleidung auf Piratenschiffen an. Das Piratenleben begeisterte Männer und Frauen. Das Piratenleben versprach Ruhm und Reichtum.

2 **Auch der folgende Text muss überarbeitet werden.**

a **Unterstreiche in den Sätzen (2), (4) und (6) Nomen oder Namen, die durch Pronomen ersetzt werden können.**

b **Schreibe den Text in deinem Heft neu auf.**

Anne Bonny – Heldin in Männerkleidern

(1) Eine der berühmtesten Piratinnen war Anne Bonny. (2) Anne Bonny stammte aus Irland und wanderte Anfang des 18. Jahrhunderts nach Nordamerika aus. (3) Sie schloss sich dem Piratenkapitän Jack Rackham an. (4) Der Piratenkapitän trieb in der Karibik sein Unwesen. (5) Jack ließ sich vom Mut und der Tatkraft Annes überzeugen. (6) Deswegen nahm Jack Anne mit an Bord.

c **Unterstreiche im überarbeiteten Text die 5 Personalpronomen.**

3 **Ergänze im folgenden Text die fehlenden Personalpronomen, die auf dem Säbel stehen:**

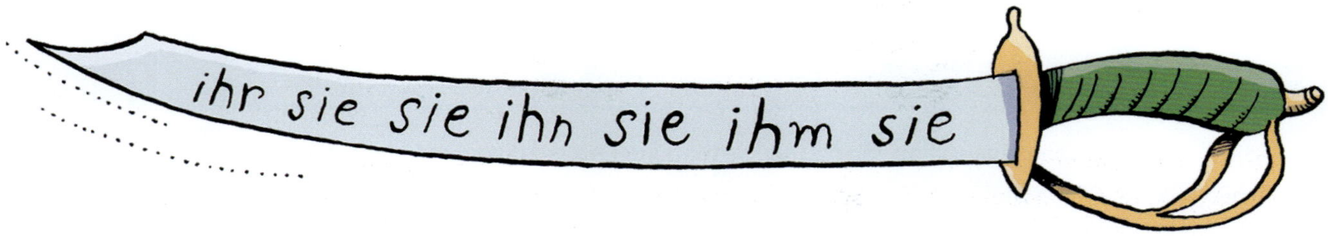

Mary Read – Von der Reisenden zur Piratin

Ende des 17. Jahrhunderts kam Mary Read in London zur Welt. Als Mann verkleidet trat ________ in die englische Armee ein. Dort lernte ____________ einen Soldaten kennen und verliebte sich in ________. Als ihr Mann starb, segelte Mary Read in die Karibik. Unterwegs wurde ihr Schiff von Jack Rackham überfallen, was ________ tief beeindruckte. Mary Read beschloss, sich ________ anzuschließen. Auf Rackhams Schiff begegnete ____________ die Piratin Anne Bonny, mit der ________ sich anfreundete.

4 **Bilde sinnvolle Sätze. Streiche in den Sprechblasen die Personalpronomen durch, die nicht passen.**

Es gab sogar Piratinnen! Wie es (ihnen / ihr / sie) auf See ergangen ist, würde ich gerne wissen!

Ihr habt gefragt, ob es heute noch Piratinnen gibt. Das kann (ich / ihnen / euch / ihr) nicht sagen.

Wie konnten die Piratinnen unerkannt bleiben? Das ist (du / wir / uns) nicht klar.

Ich habe das erste Mal von Anne Bonny und Mary Read gehört. Kannst (du / ich / mir / er) mehr über sie erzählen?

Adjektive verwenden

Information **Das Adjektiv (das Wie-Wort, das Eigenschaftswort; Plural: die Adjektive)**

Adjektive beschreiben **Eigenschaften** von Lebewesen, Dingen, Gedanken und Ideen genauer.
- Adjektive stehen im Satz in der Regel **vor** ihrem **Nomen**. Sie stehen im gleichen Kasus, z. B.: 1. Fall: der ***junge*** *Delfin*; 2. Fall: *des* ***jungen*** *Delfins*; 3. Fall: *dem* ***jungen*** *Delfin*; 4. Fall: *den* ***jungen*** *Delfin*.
- Adjektive werden **kleingeschrieben**.

1 **a Betrachte das Bild.**
Ergänze mit Hilfe der Adjektive auf den Wellenlinien die noch lückenhafte Beschreibung.

Der Commerson-Delfin

breite weißen kleinen massigen kleine längliche schwarzweiß schwarzen runden dreieckige

Der Delfin hat einen ______________ Körper und eine ______________ gefärbte Haut.

Er hat einen ______________ Fleck unter dem Maul und einen ______________ unter dem Bauch.

Der Delfin besitzt zwei ______________ Brustflossen mit ______________ Enden.

Außerdem hat er eine ______________ Rückenflosse und eine ______________ Schwanzflosse.

Besonders auffällig ist der ______________ Kopf mit dem ______________ Maul.

b Finde heraus: Nur einmal steht das Adjektiv im Nominativ.
Unterstreiche diesen Satz.
Tipp: Nutze die Fragen auf S. 46.

Information **Adjektive steigern**

Adjektive lassen sich **steigern**. So kann man Vergleiche anstellen, z. B.:
*Der linke Wal ist **groß**, der mittlere ist **größer**, der rechte Wal ist **am größten**.*

- Man vergleicht mit **„wie“**, wenn etwas **ähnlich oder gleich** ist, z. B.: *Der Wal ist so groß wie ein Haus.*
- Sind Dinge **unterschiedlich**, vergleicht man mit **„als“**, z. B.: *Dieser Wal ist größer als ein Lastwagen.*

2 a Vergleiche die Tiere auf den Steckbriefen.
Nutze die folgenden Adjektive: *groß, klein, schwer, leicht, kurz, alt, jung.*

Steckbrief:
Der Pottwal

Größe: 18 Meter
Gewicht: 50 Tonnen
Alter: 60 Jahre

Steckbrief:
Die Meeresschildkröte

Größe: 2 Meter
Gewicht: 800 Kilogramm
Alter: 90 Jahre

Steckbrief
Der Tümmler

Größe: 4 Meter
Gewicht: 200 Kilogramm
Alter: 30 Jahre

Steckbrief:
Der Tigerhai

Größe: 7 Meter
Gewicht: 400 Kilogramm
Alter: 9 Jahre

Der Tigerhai ist größer als der Tümmler. Am größten ist ____________________

____

____

____

____

____

____

b „wie“ oder „als“? Ergänze die Vergleiche mit Hilfe der Steckbriefe.

Die Meeresschildkröte ist so alt __________ ein Greis.

Jünger __________ die Meeresschildkröte ist der Pottwal.

Der Tigerhai ist schwerer __________ der Tümmler.

Länger __________ die Meeresschildkröte ist der Tigerhai.

Der Tigerhai wiegt so viel __________ zwei Tümmler.

3 Vergleiche weitere Tiere miteinander. Notiere in deinem Heft Sätze wie in Aufgabe 2 a und b.

Verben verwenden

Information **Das Verb (das Tätigkeitswort; Plural: die Verben)**

- Mit Verben gibt man an, **was jemand tut oder was geschieht**, z. B.:
  *Ein Hund **bellt**. Eine Katze **miaut**. Ein Vogel **zwitschert**.*
  *Es **regnet**. Der Film **läuft**. Das Feuer **brennt**.*
  In ihrer **Grundform** enden die Verben auf **-(e)n**. Diese Grundform heißt **Infinitiv**.
- Oft verändern Verben im Satz ihre Form. Sie richten sich nach dem Wort, auf das sie sich beziehen.
  Man nennt diese Form auch **Personalform**, z. B.:
  *(laufen) Ich **laufe** auf der Straße. Mein Hund **läuft** neben mir. Wir **laufen** gemeinsam.*
  Achte auf die **Personalendungen**, z. B.:

	Singular (Einzahl)	**Plural (Mehrzahl)**
1. Person	*ich geh**e***	*wir geh**en***
2. Person	*du geh**st***	*ihr geh**t***
3. Person	*er/sie/es geh**t***	*sie geh**en***

1 **Verben gesucht!**
Ergänze passende Verben aus dem Futternapf.

Paul Maar

Irgendwo in der Welt

Ein Eisbär *isst* ein Eis am Stiel,
ein Huhn ____________ hohes Fieber,
ganz leise ____________ ein Krokodil,
zufrieden ____________ ein Biber.

Ein Pinguin ____________ tief ins Meer,
ein Hase ____________ im Klee,
ein Orang-Utan ____________ sich sehr,
ein Wolf ____________ Magenweh.

Ein Wellensittich ____________ sein Lied,
ein Floh ____________ eine Bleibe –
und während alles dies geschieht,
sitz ich zu Haus und schreibe!

2 **a** **Wähle eines der folgenden Verben: *leben, schnarchen, wohnen, träumen, lachen, tanzen.* Setze das Verb, das du gewählt hast, jeweils mit der richtigen Personalendung ein.**

Ich ______________ in einer Stadt.	In der Steppe ______________ der Strauß.
Du ______________ gleich nebenan.	Wir ______________ in Amerika.
Der Blauwal ______________ im Ozean.	Ihr ______________ ganz fern in Afrika.
Die Krabbe ______________ im Watt.	Mäuse ______________ gern im Haus.

b **Nur eines der Verben in Klammern passt richtig. Wähle aus und schreibe die passende Personalform in die Lücke.**

Im Urwald

Auf einem Baum ______________ ein Schimpanse. (*laufen, klettern, gehen*)

Eine Vogelspinne ______________ durch das Unterholz. (*schlendern, wandern, krabbeln*)

An einem kleinen See ______________ ein Pfeilgiftfrosch. (*quaken, piepen, flöten*)

Auf einem Ast ______________ ein Papagei. (*husten, bellen, krächzen*)

Ein Orang-Utan ______________ ein Stück Obst. (*fressen, lutschen, essen*)

c **Wer tut was? Bilde passende Personalformen. Notiere sie wie im folgenden Beispiel in dein Heft.**

der Hund	die Katze	das Pferd	der Vogel
bellen – kläffen – rennen – fressen – springen	miauen – schnurren – jagen – fauchen – klettern	wiehern – galoppieren – traben – stehen – schnauben	zwitschern – fliegen – piepen – hüpfen – nisten

Der Hund bellt, kläfft …

3 **a** **Wähle vier Verben aus Aufgabe 2 c. Übertrage sie im Infinitiv (Grundform) in die oberste Zeile der Tabelle.**
b **Notiere die Personalformen der vier Verben. Unterstreiche alle Personalendungen (► S. 50).**

ich				
du				
er/sie/es				
wir				
ihr				
sie				

Teste dich!

Wortarten

1 **Welche der Wörter in Großbuchstaben sind Nomen, Verben oder Adjektive? Bestimme die Wortarten und unterstreiche in den angegebenen Farben.**

Dem GLÜCKLICHEN GLÜCKSPILZ GLÜCKT wirklich alles.

Jeden Cent SPART der SPARSAME SPARFUCHS.

WITZELT der WITZIGE WITZBOLD wieder herum?

2 **Achtung: Fehler! Das Pronomen im zweiten Satz sollte sich auf das Nomen im ersten Satz beziehen.**

a Unterstreiche in jedem ersten Satz das Nomen.

b Streiche im zweiten Satz das falsche Pronomen durch. Schreibe das richtige darüber.

Wir wohnen in einem großen Haus. Ihm steht am Ende der Straße.

Davor stehen zwei große Bäume. Von Weitem kann man ihnen schon gut sehen.

VORSICHT FEHLER!

3 **a Finde zu jedem der folgenden Adjektive das passende Gegenteil. Schreibe neu auf.**

ein heißes Eis – ein trockener Regen – ein runder Würfel – eine schnelle Schnecke – eine salzige Schokolade

b Steigere die beiden Adjektive. Schreibe die Formen auf.

heiß - ______, *schnell -* ______

4 **Ergänze passende Verben, sodass man weiß, was die Person tut. Schreibe neu auf.**

Ein Koch in der Küche. Ein Tänzer auf der Bühne.

5 **Zähle die Punkte, die du erreicht hast, mit Hilfe des Lösungsheftes zusammen (▸ S. 15).**

☺ 24–18 Punkte	☺ 17–10 Punkte	☹ 9–0 Punkte
Gut gemacht!	Gar nicht schlecht! Wo hattest du Schwierigkeiten? Wiederhole die passenden Übungen auf S. 39–51.	Du solltest noch einmal üben! Arbeite die S. 39–51 erneut durch.

Das Tempus des Verbs – Reisen in der Zeit

Das Präsens verwenden

Information **Das Präsens (die Gegenwartsform)**

- Das **Präsens** (die Gegenwartsform) wird meist verwendet, wenn man sagen will, dass etwas **jetzt geschieht**, z. B.: *Der Junge springt gerade ins Wasser.*
- Das Präsens wird auch benutzt, um **Gewohnheiten** oder **Dauerzustände** zu beschreiben, z. B.: *Ein Blatt Papier **hat** zwei Seiten. Millionäre **besitzen** viel Geld. Eis **schmilzt** in der Sonne.*
- Mit dem Präsens kann man auch ausdrücken, dass etwas **in der Zukunft** liegt. Dazu verwendet man meist zusätzliche Zeitangaben wie „morgen" oder „am nächsten Wochenende", z. B.: ***Morgen fahre** ich nach Italien. **Am nächsten Wochenende gehen** wir auf ein Konzert.*

1 **Verben gesucht! Bestimme anhand des Bildes, was jemand tut oder was passiert.**
a **Vervollständige die lückenhaften Sätze durch passende Verben im Präsens.**
b **Umrahme wie im Beispiel unten die Personalendung (► S. 50).**

A Die Sonne ... am Himmel.

B Ein Kind ... im Wasser.

C Eine Frau ... unter dem Sonnenschirm.

D Ein Hund ... über den Strand.

E Ein Eis ... in der Hand.

A *Die Sonne strahlt / scheint / lacht am Himmel.*

B *Ein Kind schwimmt /*

C

D

E

2 **Schreibe in dein Heft Sätze, die ...**
a **Gewohnheiten oder Dauerzustände ausdrücken, z. B.:** ***Ein Zimmer hat vier Ecken. Pflanzen brauchen ...***
b **etwas über die Zukunft aussagen, z. B.:** ***Morgen verreise ich. Demnächst gehe ...***

Das Perfekt verwenden

Information **Das Perfekt (die vollendete Gegenwart)**

Wenn man **mündlich von etwas Vergangenem erzählt oder berichtet**, verwendet man häufig das **Perfekt**, z. B.:
*Gestern **habe** ich einen Film **gesehen**. Danach **bin** ich nach Hause **gefahren**.*
Das Perfekt wird mit einer Form von *haben* oder *sein* gebildet, z. B.:
lachen → *Ich **habe** über den guten Witz **gelacht**.* *laufen* → *Ich **bin** über die Straße **gelaufen**.*

1 a Lea berichtet ihrer Freundin Mina am Telefon von ihrem Urlaub. Unterstreiche alle Verben im Perfekt, z. B.:

b Einige Verben werden mit „haben“, einige mit „sein“ gebildet. Schreibe nach Gruppen auf, z. B.:

A „sein“: sind gelandet, ...

B „haben“: ...

c Untersuche die Wortgruppen. Wann wurde das Perfekt mit „sein“ (*ist, sind*) gebildet? Kreuze an.

- wenn jemand oder etwas sich auf ein Ziel zubewegt ☐
- wenn sich der Zustand von jemand oder etwas verändert ☐
- wenn jemand etwas Ungewöhnliches macht ☐

2 Bilde sinnvolle Aussagen. Ergänze passende Verben im Perfekt.

Hatice und Lisa: „Wir haben im flachen Wasser ______.“

Ben: „Ich ______ von einer Klippe ins Meer ______.“

Mehmet zu Freunden: „Ihr seid lautlos durchs Wasser ______.“

Mia zu einer Freundin: „Du ______ ziemlich tief ______.“

Das Perfekt verwenden – Der Taucher (Teil 1)

1 ●○○

a Lies die folgenden Aussagen eines Tauchers. Unterstreiche alle Verben im Perfekt, z. B.:

„Ich bin zwar in den Bergen aufgewachsen, Wasser habe ich aber schon immer geliebt. Schon als kleiner Junge habe ich mir aus einer Limoflasche und einem Strohhalm ein Tauchgerät gebastelt. Damit bin ich ins Meer gesprungen. Mein erster Tauchgang ist aber nicht erfolgreich gewesen. Mit 16 Jahren habe ich dann meinen Tauchschein auf einer Insel im Indischen Ozean gemacht."

b Ordne zuerst die Verben, die du unterstrichen hast, richtig in die Tabelle ein.
c Ergänze anschließend alle weiteren Personalformen.

Perfekt mit „haben"

	basteln	machen	lieben
ich	habe gebastelt		
du			
er/sie/es			hat geliebt
wir			
ihr			
sie	haben ______		

Perfekt mit „sein"

	aufwachsen	springen	sein
ich	bin aufgewachsen		
du			
er/sie/es			______ gewesen
wir			
ihr	seid ______		
sie			

Das Perfekt verwenden – Der Taucher (Teil 2)

1 Nanu? Ganz verworren klingen die Aussagen des Forschers.
a Bringe wieder Ordnung in seine Aussagen.
b Unterstreiche alle Verben im Perfekt.

A „Schwerstarbeit | wieder | bei meinem letzten Tauchgang | habe ich | geleistet."

B „gesprungen | mit einer Ausrüstung von 50 Kilo | ins Wasser | bin ich."

C „unglaubliche Augenblicke | so ausgerüstet | habe ich | erlebt | immer wieder."

D „in Mexiko | in einer Höhle | getaucht | einmal bin ich."

E „gehabt | durch den Weltraum zu schweben | da habe ich | das Gefühl."

A „Bei meinem letzten Tauchgang habe ich wieder ______."

B „______."

C „______."

D „______."

E „______."

2 Formuliere die folgenden Schlagzeilen zu vollständige Sätzen im Perfekt um.
a Notiere in Klammern, ob das Perfekt mit „haben" oder „sein" gebildet wird.

Forschungsteam: Schatz gefunden? (haben)

Weltumsegler: „Meinen Traum umgesetzt!" (______)

Verrücktes Klima: Wasserspiegel gestiegen? (______)

Nach Schiffsunglück: Alle Passagiere überlebt! (______)

Superstar: Insel gekauft (______)

Bermudadreieck: Schiff gesunken (______)

b Schreibe die Sätze in dein Heft, z. B.:

Hat das Forschungsteam den Schatz gefunden?

Das Präteritum verwenden

Information **Das Präteritum (die einfache Vergangenheitsform)**

- Das **Präteritum** beschreibt vergangene **Vorgänge**, **Handlungen** und **Zustände**.
- Wenn man über Vergangenes **schriftlich erzählt**, dann wird in der Regel das Präteritum verwendet, z. B.: *Früher **besaßen** nur wenige Menschen ein Badezimmer.*

1 Ordne richtig zu: „Vergangenheit“ oder „Gegenwart“?

a Unterstreiche in jedem Satz das Verb.

b Ordne die Sätze in die Tabelle unten ein.

Tipp: Achte auf „Signalwörter“, z. B. „heute“.

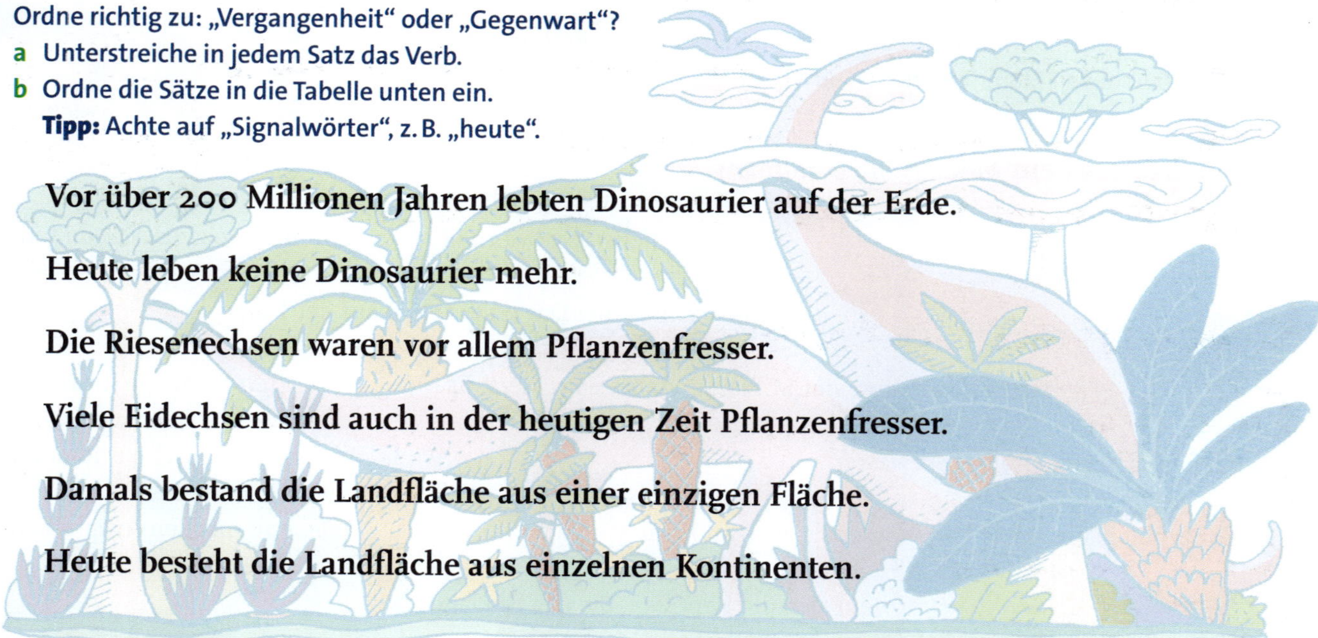

Vor über 200 Millionen Jahren lebten Dinosaurier auf der Erde.

Heute leben keine Dinosaurier mehr.

Die Riesenechsen waren vor allem Pflanzenfresser.

Viele Eidechsen sind auch in der heutigen Zeit Pflanzenfresser.

Damals bestand die Landfläche aus einer einzigen Fläche.

Heute besteht die Landfläche aus einzelnen Kontinenten.

Vergangenheit (Präteritum)	Gegenwart (Präsens)

c **Bestimme in jedem Satz die Zeitform (das Tempus). Kreuze die richtige Antwort an.**

A Die Sätze unter der Überschrift „Vergangenheit“ stehen im ☐ Präteritum ☐ Präsens.

B Die Sätze unter der Überschrift „Gegenwart“ stehen im ☐ Präteritum ☐ Präsens.

Information **Starke und schwache Verben**

- Einige Verben verändern je nach Zeitform und Person ihren Vokal. Diese Verben heißen **starke Verben**, weil sich einer ihrer **Vokale stark verändert**, z. B.:
  Ich wasche. → Ich wusch.
- Verben, die ihren Vokal stets behalten, heißen **schwache Verben**, weil sich ihre Vokale **nicht verändern**, z. B.: *Ich bade. → Ich badete.*
  Für diese Veränderungen gibt es **keine Regel**. Man muss vor allem die starken Verben auswendig lernen.

2 a **Ergänze im folgenden Text die Personalformen (▶ S. 50) im Präteritum. Die Verben in den Klammern helfen dir.**

Leben, das aus dem Meer kam ***(kommen)***

Die ersten Urmenschen ______ (*leben*) vor vier Millionen Jahren. Dinosaurier und Menschen ______ (*begegnen*) sich also nie. Das erste Leben auf der Erde ______ (*entstehen*) vor etwa vier Milliarden Jahren im Meer. Es ______ (*sein*) winzige Einzeller, aus denen sich später alle Lebewesen ______ (*entwickeln*): zuerst die Fische und dann die Amphibien, die sowohl im Wasser als auch an Land ______ (*leben*). Aus den Amphibien ______ (*formen*) sich die Reptilien, die das Festland ______ (*erobern*). Aus diesen wiederum ______ (*gehen*) die Dinosaurier hervor.

b **Kreuze an. Im letzten Satz des Textes handelt es sich um ein** ☐ **starkes Verb** ☐ **schwaches Verb.**

3 a **Hier gibt ein Triceratops-Dinosaurier Auskunft über sich. Unterstreiche alle Verben.**

„Ich lebe in der Kreidezeit.
Zum Schutz besitze ich Hörner, einen Hakenschnabel und ein Nackenschild.
Ich gehöre zu den Horn-Dinosauriern.
Alle anderen Horn-Dinosaurier sind kleiner und schmächtiger als ich.
Ich verhalte mich friedlich und jage nicht.
Mein Lieblingsessen besteht aus Pflanzen."

b **Schreibe in dein Heft einen Informationstext über den „Triceratops". Formuliere im Präteritum, z. B.:**

Der Triceratops-Dinosaurier lebte in der Kreidezeit. Zum Schutz …

Das Präteritum verwenden – Die Dinosaurier (Teil 1)

1 ●○○

Wie zogen die Dinosaurier ihre Jungen groß?

Viele Dinosaurier bauten Erd- oder Sandnester, die sie mit Pflanzenteilen oder Erde bedeckten. Wenn die Sonne darauf schien, wurde es im Nest warm. Im warmen Sand entwickelten sich die Eier. Oft bildeten die Dinosaurier Gemeinschaften. Viele Nester lagen dann nebeneinander. Einige Arten kamen jedes Jahr wieder zum gleichen Nistplatz. Vermutlich blieben viele Jungtiere ähnlich wie Vögel im Nest. Ältere Tiere derselben Art wachten über sie.

a Lies den Text und unterstreiche alle Verben im Präteritum.
b Schreibe alle Verben heraus, die du unterstrichen hast, und notiere den Infinitiv.
c Markiere in unterschiedlichen Farben: starke Verben (blau) und schwache Verben (grün).

bauten – bauen, ______________________________

____

____

2 ●○○ In jedem Satzpaar fehlt dasselbe Verb. Ergänze es im Präteritum. Nutze die Verben aus Aufgabe 1 a.

Die Eier ______________ sich in der Wärme. – Ein Ei ______________ sich nach dem anderen.

Die Jungtiere ______________ in ihren Nestern. – Ein Jungtier ______________ bei dem anderen.

3 ●○○ Präsens oder Präteritum? Setze die Infinitive in den Klammern in die richtige Zeitform.
Tipp: Achte auf Signalwörter, z. B. „damals".

Grund für plötzlichen Dino-Tod gefunden!

Jetzt *können* (*können*) Forscher endlich erklären, warum die Dinosaurier am Ende der Kreidezeit plötzlich ______________ (*aussterben*). Heute ______________ (*wissen*) man, dass die Riesenechsen vor 65 Millionen Jahren die Erde ______________ (*beherrschen*). Nach ihrem Verschwinden ______________ (*entwickeln*) sich immer mehr Säugetierarten wie das Mammut. Irgendwann ______________ (*leben*) die ersten Menschen. Warum die Dinosaurier aber damals von der Erde ______________ (*verschwinden*), ______________ (*bleiben*) lange ein Rätsel. Forscher ______________ (*bringen*) jetzt Licht ins Dunkel: Sie glauben, dass die Dinosaurier deswegen ______________ (*sterben*), weil …

Das Präteritum verwenden – Die Dinosaurier (Teil 2)

1 **a** **Lies die Fortsetzung der Zeitungsmeldung von S. 59 unten. Leider stimmt die Zeitform nicht.**

VORSICHT FEHLER!

... ein Meteorit auf der Erde einschlägt. Dieser Gesteinsbrocken aus dem Weltall hinterlässt ein gewaltiges Einschlagloch. Der Aufprall des Meteoriten schleudert vermutlich große Mengen von Ruß, Staub und Gestein in den Himmel. Dabei entstehen Winde, die die Staubwolken über der Erde verteilen. Plötzlich wird es überall dunkel und kalt. Da Dinosaurier ihre Körpertemperatur nicht regulieren können, sterben sie aus.

b **Unterstreiche im Text alle Verben.**

c **Überarbeite den Text. Setze seine Verben in das Präteritum.**

2 **a** **In der Wörterschlange stehen 18 Verben im Präteritum. Umrahme diese Verben.**

standbissaßfrorgabginggossludrochschlichschobschnittsahwarsaßstahltatwuchs

b **Notiere zu zehn Verben aus der Wörterschlange den Infinitiv.**

stand – stehen, biss – beißen, ...

c **Denke dir eine kurze Geschichte aus, in der möglichst viele der Verben aus der Wörterschlange auftauchen. Schreibe in dein Heft, z. B.:**

Draußen goss es in Strömen. Ein Dinosaurier stand im Wasser und ...

Teste dich!

Das Tempus

1 **Heute so – gestern so! Setze die folgenden Verben in das Präteritum und schreibe sie auf:** PUNKTE

Heute *esse, lese, gehe, spreche, lache, trinke, denke, weiß, schweige, schlafe* ich.

Gestern aß, … ______________________________

2 **a Ordne die folgenden Verben in die Tabelle richtig ein: *schreibst – schriebst – hat geschrieben.*** PUNKTE

b Ergänze alle fehlenden Verbformen. PUNKTE

	Präsens	Präteritum	Perfekt
ich			
du			
er/sie/es			
wir			
ihr			
sie			

3 **Präsens oder Präteritum? Setze die Infinitive in den Klammern in die richtige Zeitform.** PUNKTE

Dinosaurier ______________ (*besitzen*) lange wissenschaftliche Namen, die aus dem Lateinischen oder Altgriechischen ______________ (*kommen*). Wissenschaftler aus aller Welt ______________ (*verstehen*) sich auf diese Weise. Dinosauriernamen ______________ (*ändern*) sich aber im Laufe der Zeit. Zwei Sammler, die im 19. Jh. zwei verschiedene Exemplare von ein und demselben Dinosaurier ______________ (*finden*), ______________ (*vergeben*) verschiedene Namen. Im erste Fall ______________ (*nennen*) man die Riesenechse „Apatosaurus“, im zweiten „Brontosaurus“. Wenn es zu einem solchen Irrtum ______________ (*kommen*), ______________ (*gelten*) in der Regel der zuerst vergebene Name.

4 **Zähle die Punkte, die du erreicht hast, mit Hilfe des Lösungsheftes zusammen (▸ S. 18).**

☺ 36–30 Punkte	☺ 29–19 Punkte	☹ 18–0 Punkte
Gut gemacht!	Gar nicht schlecht! Wo hattest du Schwierigkeiten? Wiederhole die passenden Übungen auf S. 53–60.	Du solltest noch einmal üben! Arbeite die S. 53–60 erneut durch.

Satzarten unterscheiden – Abenteuer Steinzeit

Information **Die Satzarten**

Wenn man etwas aussagt, fragt oder jemanden zu etwas auffordert, verwendet man unterschiedliche Satzarten:
In der **gesprochenen Sprache** erkennt man die verschiedenen Satzarten oft an der **Stimmführung**.

- Bei einem **Aussagesatz senkt sich die Stimme** zum Ende des Satzes.
- Bei einem **Fragesatz steigt die Stimme** zum Ende des Satzes.
- Bei einem **Ausrufesatz** oder einem **Aufforderungssatz** wird die **Stimme** zum Ende des Satzes **lauter**.
- In der **geschriebenen Sprache** werden die Satzarten durch die unterschiedlichen **Satzschlusszeichen** beendet:
  - Nach einem **Aussagesatz** steht ein **Punkt**, z. B.: *Der Mensch zähmte den Wolf***.**
  - Nach einem **Fragesatz** steht ein **Fragezeichen**, z. B.: *Habt ihr einen Hund***?**
  - Nach einem **Ausrufesatz** oder **Aufforderungssatz** steht meist ein **Ausrufezeichen**, z. B.: *Füttert das Tier***!**

1 **a Setze am Satzende die passenden Satzzeichen.**

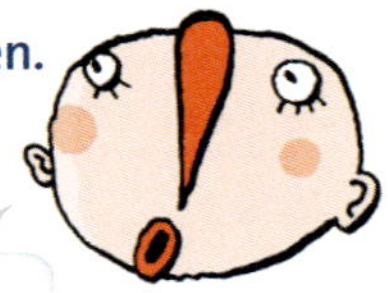

Kannst du mir vielleicht weiterhelfen ______

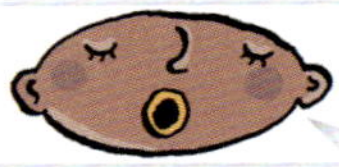

Ach, bestimmt nicht ______

Hatten die Menschen in der Steinzeit Haustiere ______

Zahme Wölfe waren die ersten Haustiere der Steinzeitmenschen ______

b Unterstreiche in unterschiedlichen Farben: Aussagesatz, Fragesatz, Ausrufesatz.

c Schreibe zwei Sätze wie folgt um:
- **einen Aussagesatz in einen Fragesatz**
- **einen Fragesatz in einen Aussagesatz**

Vergiss nicht, am Ende des Satzes das richtige Satzschlusszeichen zu setzen.

Waren die … ____________________

Die Menschen … ____________________

2 **Unterstreiche in dem folgenden Text die unterschiedlichen Satzarten in verschiedenen Farben**

Wie wurde der Wolf zum Hund? Vermutlich hatten Steinzeitkinder die Idee, Wölfe zu zähmen. Wahrscheinlich fanden sie verlassene Wolfswelpen und nahmen sie mit nach Hause. Dort fütterten die Kinder die Welpen mit Essensresten und freundeten sich mit ihnen an. Dadurch wurden die Welpen zahm.
Die Tiere betrachteten die Kinder als ihre Familie und liefen nicht weg. Sie ahmten sogar menschliche Gesichtszüge nach, wie zum Beispiel ein menschliches Lächeln. Kein wilder Wolf würde so etwas tun!
Später gingen die zahmen Wölfe mit auf die Jagd.

3 **Bestimme im Text einen Satz, bei dem man auch ein anderes Satzzeichen setzen könnte. Begründe deine Wahl schriftlich in deinem Heft.**

Satzglieder ermitteln – Abenteuer Forschung

Information **Die Satzglieder – Die Umstellprobe**

- Ein Satz besteht meist aus mehreren Wörtern. Manche Wörter bilden im Satz untrennbare Gruppen. Man kann diese Gruppen herausfinden, wenn man den Satz umstellt (**Umstellprobe** ▶ S. 74), z. B.: *Sie finden einen Schatz. → Einen Schatz finden sie.*
- Wörter, die man im Satz umstellen kann, und die untrennbaren Wortgruppen nennt man **Satzglieder**. Das bedeutet, der Satz „Sie finden einen Schatz" besteht aus drei Satzgliedern.
- Man kann die Umstellprobe auch anwenden, um **Texte** zu **verbessern**. Der Text klingt abwechslungsreicher, wenn der Satzbau der Sätze nicht immer gleich ist.

1 a **So erfährst du etwas über einen Schatz aus der Steinzeit: Ordne die folgenden Satzglieder zu drei sinnvollen Sätzen. Schreibe sie mit Satzschlusszeichen auf.**

man einen einzigartigen Schatz in Südfrankreich fand
zwei Bisons Steinzeitmenschen in einer Höhle formten
erkennt diese beiden Figuren man noch nach 14 000 Jahren

Einen einzigartigen Schatz ______________________________

____

____

b **Verändere im ersten Satz die Reihenfolge der Satzglieder. Der Sinn soll sich nicht verändern.**

____

c **Umrahme alle Satzglieder, die immer zusammenbleiben.**

d **Sortiere die Satzglieder so um, dass ein Fragesatz entsteht. Schreibe ihn mit dem Satzschlusszeichen auf.**

____

2 a **Verändere in den beiden folgenden Sätzen die Reihenfolge der Satzglieder. Notiere die beiden neuen Sätze.**

b **Umrahme die verschiedenen Satzglieder.**

Mit Kerzen beleuchteten die Steinzeitmenschen die Höhlen.

____

Aus Kohle produzierten die Steinzeitmenschen Wandfarbe.

____

3 **Überarbeite den folgenden Text.**

a **Stelle mit Hilfe der Umstellprobe fest, welche Wörter in jedem Satz unzertrennlich sind. Umrahme die Satzglieder.**

b **Ändere die Reihenfolge der Satzglieder in den unterstrichenen Sätzen. Schreibe den Text neu auf.**

Die Steinzeitmenschen lebten lange als Nomaden. Sie suchten Schutz in Höhlen.

Sie trafen selten andere Menschen. Die Steinzeitmenschen jagten Tiere.

Die Steinzeitmenschen lebten lange als Nomaden. In Höhlen

4 **Hier sind Satzglieder durcheinandergeraten.**

a **Bilde aus den Satzgliedern zwei sinnvolle Sätze. Umrahme alle Satzglieder, die du für einen Satz auswählst, mit einer Farbe.**

b **Schreibe die Sätze in dein Heft. Denke an das richtige Satzschlusszeichen.**

c **Notiere jeden Satz in einer geänderten Satzgliedstellung.**

5 **Vergleiche deine Sätze aus Aufgabe 4 b und c. Welcher Satz gefällt dir jeweils besser? Begründe deine Wahl in deinem Heft.**

Mit Satzgliedern umgehen – Leben in der Steinzeit (Teil 1)

1 ●○○ **Beantworte die folgenden drei Fragen. Bringe dazu die Satzglieder unter den Fragen in eine sinnvolle Reihenfolge.**

| ~~das Kariesrisiko~~ | durch den Verzicht auf Zucker | sehr gering | war | bei den Steinzeitmenschen |

Das Kariesrisiko … ______________________________

____

| zur Auffrischung der Gesichtsfarbe | die Steinzeitfrauen | benutzten | rote Erde |

Die Steinzeitfrauen … ______________________________

____

| Klumpen aus Birkenharz | gegen Zahnschmerzen | die Steinzeitmenschen | kauten |

Gegen … ______________________________

____

2 ●○○ **Schreibe jede Antwort aus Aufgabe 1 in einer anderen Satzgliedstellung auf.**

Bei den Steinzeitmenschen war … ______________________________

____

____

____

____

Mit Satzgliedern umgehen – Leben in der Steinzeit (Teil 2)

1 ●●● **a Was konnten die Steinzeitmenschen besonders gut? Lies den Text.**

Nach den Erkenntnissen von Forschern waren die Steinzeitmenschen beim Umgang mit verschiedenen Materialien Experten. Das beste Naturmaterial wählten sie für ihre Geräte. Das harte Grundgestein nutzen die Steinzeitmenschen für robuste Äxte. Das Material und seine Eigenschaften kannten die Menschen vor 5000 Jahren.

Die Steinzeitmenschen gingen außerdem intelligent mit ihrer Kleidung um. Die Steinzeitmenschen vermieden starke Hitze und Regen. Sie gingen in der Regel sehr langsam. Sie verausgabten sich auf diese Weise nicht.

b Der Text muss überarbeitet werden, weil er zu viele gleiche Satzanfänge hat. Unterstreiche die Sätze, bei denen das der Fall ist.

c Stelle die Satzglieder der unterstrichenen Sätze um und schreibe den Text neu auf.

Nach den Erkenntnissen von Forschern waren die Steinzeitmenschen beim Umgang mit verschiedenen Materialien Experten. Für ...

2 ●●● **a Was weißt du über das Leben der Steinzeitmenschen? Lies auf den vier vorhergehenden Seiten nach. Schreibe vier Sätze in dein Heft, z. B.:**

Vor 10 000 Jahren wurden die Menschen sesshaft.

Der Kaugummi ist gar keine Erfindung der Neuzeit.

b Stelle die Satzglieder jedes Satzes einmal um. Umrahme die Wörtergruppen, die immer zusammenbleiben.

Das Prädikat bestimmen

Information **Das Prädikat**

- Das **Prädikat** gibt an, **was geschieht** oder **was jemand tut**. So ist es auch zu erfragen, z. B.:
  Frage: Was tut der Kapitän? → Er segelt.
- Im **Aussagesatz** steht das Prädikat immer an **zweiter Stelle** nach dem ersten Satzglied, z. B.:

  Ein Kapitän ***segelt*** *übers Meer.*
  1. 2. 3. (Satzgliedstelle)

  Umstellprobe: *Übers Meer segelt ein Kapitän.*

1 Forscher ihre Entdeckung. ← **Hier fehlt das Prädikat!**
Vervollständige den Satz so, dass er zur jeweiligen Zeitungsmeldung passt. Nutze den Wortspeicher.

Wortspeicher

verraten ~~verschweigen~~ bejubeln vergessen

Geheimnisvoll! Forscher verschweigen ihre Entdeckung.

Große Freude! Forscher

Gedächtnisschwund?

Endlich!

2 a Finde in jedem der folgenden Sätze das Prädikat und umrahme es. Nutze die Umstellprobe (► S. 63, 74).
b Verändere in jedem Satz sinnvoll die Reihenfolge der Satzglieder. Schreibe die Sätze auf und umrahme die Prädikate.
c Unterstreiche in allen Sätzen alle anderen Satzglieder.

1722 im Südpazifik

Ein holländischer Kapitän entdeckte eine unbekannte Insel.

Eine unbekannte Jnsel entdeckte ein holländischer Kapitän.

Er sah riesengroße Steinfiguren.

Hunderte Figuren waren auf der Insel.

Der Kapitän staunte über diese Steinfiguren.

Information **Die Prädikatsklammer**

- **Prädikate können aus zwei Teilen bestehen.** Dann steht ein Teil des Prädikats an der zweiten Stelle des Aussagesatzes (nach dem ersten Satzglied) und der andere Teil meist am Schluss, z. B.:
  Man ***konnte*** *das Geheimnis* ***lüften****.*   *Er* ***teilte*** *mir eine Nachricht* ***mit****.*
- Da die zwei Prädikatsteile andere Satzglieder einklammern, spricht man von einer **Prädikatsklammer**.

3 **a** **Setze fort: Ergänze die Lücke zwischen den beiden Prädikatsteilen jeweils um ein weiteres Satzglied. Nutze den Wortspeicher.**
b **Umrahme die beiden Teile des Prädikats farbig.**

Wortspeicher

~~auf einer Insel~~   im Südpazifik   vor langer Zeit   ~~Figuren~~

Unbekannte stellten … auf.

Unbekannte stellten Figuren auf.

Unbekannte stellten Figuren auf einer Jnsel auf.

c **Verändere im letzten Satz sinnvoll die Reihenfolge der Satzglieder. Unterstreiche alle Satzglieder und umrahme das zweiteilige Prädikat.**

4 **Lies den folgenden Text und unterstreiche alle Prädikate. Verdeutliche wie im Beispiel die Prädikatsklammer.**

Ein holländischer Kapitän legte an einem Ostersonntag an der Insel an. Deshalb hat er sie „Osterinsel" genannt. Unter diesem Namen können wir die Insel heute westlich von Chile im Pazifischen Ozean finden. Rätselhafte Steinfiguren hat der Kapitän auf der Insel entdeckt. Bis heute werfen sie viele Fragen auf. Kein Mensch kann die tonnenschweren Riesen tragen. Außerdem kann man nirgendwo auf der Insel Bäume entdecken. In der Wissenschaft nimmt man Folgendes an: Vor 1600 Jahren hielten sich Menschen auf der Insel auf. Im Laufe der Zeit holzten sie den gesamten Baumbestand ab. Einige Bäume haben sie vielleicht zum Transport der Figuren verwendet. Möglicherweise stellten die Menschen die Figuren als Grenzmarkierung auf.

Subjekte verwenden

Information **Das Subjekt**

- Das Satzglied, das man mit **Wer oder was** ...? erfragen kann, heißt Subjekt.
  Das Subjekt steht immer im **Nominativ** (▸ S. 42), z. B.:
  Der Kapitän steuert das Schiff. → **Wer oder was** steuert das Schiff? → ***Der Kapitän*** *steuert das Schiff.*
- Subjekt und Prädikat eines Satzes sind eng aufeinander bezogen: Das **Subjekt bestimmt** die **Form** des Prädikats, z. B.:
  ich *fand* ***du*** *fandest* ***er/sie/es*** *fand* ***wir*** *fanden* ***ihr*** *fandet* ***sie*** *fanden*

1 **Hier stimmt etwas nicht!**

a **Tausche die unterstrichenen Subjekte so aus, dass die Sätze wieder sinnvoll sind und zu dem Bild passen. Schreibe den Text unten auf.**

Auf Schatzsuche

Eine Möwe ankert nicht weit entfernt. Durch das tiefblaue Wasser schwimmen weitere Gegenstände.
Bunte Fische suchen mit einem Scheinwerfer den Meeresboden ab. Plötzlich entdeckt das Forschungsschiff eine Tonschale.
Die beiden Wissenschaftler sind über den Meeresboden verteilt.
Über dem Wasser kreist ein Taucher.

Das Forschungsschiff ankert

b **Unterstreiche in jedem Satz das Subjekt.**

c **Schreibe den letzten Satz so auf, dass das Subjekt am Anfang steht. Nutze die Umstellprobe (▸ S. 63, 74).**

2 **Wer oder was „tut" hier etwas?**

a Notiere jeweils eine Frage nach dem Subjekt, z. B.:

eine Tonschale finden Frage: *Wer oder was findet eine Tonschale?*

über das Meer fliegen
auf dem Meer schwimmen
durch das Wasser gleiten
eine Taschenlampe halten
an die Oberfläche steigen

Wortspeicher

ein Schiff Fische eine Möwe
Luftblasen ein Taucher ein Taucher

b Beantworte die Fragen. Schreibe ganze Sätze auf, in denen du Subjekte aus dem Wortspeicher verwendest, z. B.:

Wer oder was findet eine Tonschale? Ein Taucher findet eine Tonschale.

Wer oder was ...

c Unterstreiche in jedem Satz das Subjekt.

3 **a Wo versteckt sich das Subjekt?**
Schreibe die Frage auf, mit der du das Subjekt im folgenden Satz ermitteln kannst:

Bei einem riesigen Korallenriff fand er nach tagelangem Suchen einen sehr wertvollen Schatz.

Wer oder was fand bei einem ...

b Umrahme das Subjekt.

c Schreibe den Satz so auf, dass das Subjekt am Anfang steht.

Akkusativobjekt und Dativobjekt unterscheiden

Information **Das Dativobjekt und das Akkusativobjekt**

- **Satzglieder**, die man mit **Wem ...?** oder mit **Wen oder was ...?** erfragen kann, heißen **Objekte**.
- Objekte, die man mit **Wem ...?** erfragt, heißen **Dativobjekte**, z. B.:
  Wir folgen dem Hinweis. → Wem folgen wir? → *Dem Hinweis folgen wir.*
- Objekte, die man mit **Wen oder was ...?** erfragt, heißen **Akkusativobjekte**, z. B.:
  Forscher suchen den Meeresboden ab. → **Wen oder was** suchen Forscher ab? → *den Meeresboden*

1 **a** **Ein Schüler hat sich über den berühmten Schatzsucher Franck Goddio Notizen gemacht. Leider fehlen wichtige Informationen. Notiere Fragen, um Genaueres herauszufinden, z. B.:**

- Franck Goddio fand. → Wen oder was fand Franck Goddio?
- Er wollte aufspüren. →

b **Welches Satzglied in dem folgenden Text antwortet auf deine Fragen? Unterstreiche es.**

Der Franzose Franck Goddio ist ein erfahrener Schatztaucher. Auf dem Meeresboden fand er dank seines Spürsinns zahlreiche Schiffswracks. Sein großer Traum aber galt lange Zeit einer versunkenen Stadt. Vor 1500 Jahren soll sie im Meer versunken sein. Seitdem fehlte jede Spur. Die versunkene Stadt Herakleion wollte Franck Goddio unbedingt aufspüren.

c **Ergänze die Notizen des Schülers so, dass man weiß, worum es geht. Unterstreiche auch in jedem Satz das Akkusativobjekt, das du mit „Wen oder was ...?" erfragt hast, z. B.:**

- Franck Goddio fand ______.
- ______

2 **a** **Hier fehlt etwas! Ergänze passende Dativobjekte und erfahre mehr über Franck Goddios Vorhaben. Vorsicht: Ein Dativobjekt im Wortspeicher passt nicht!**

Wortspeicher

seinem Team   dem Meer   einer richtigen Spur   seinem Gefühl   seinem Schiff

Bis dahin hatte niemand ______ das Geheimnis Herakleions entlockt. Doch Goddio traute ______. Er erklärte ______ das Vorhaben. Vor der ägyptischen Küste wollten sie auf die Suche gehen. Goddio war sich sicher, ______ zu folgen.

b **Notiere die Frage, mit der man das Dativobjekt im markierten Satz bestimmen kann:** ______

Objekte verwenden – Abenteuer Tauchen (Teil 1)

1 ●○○

a **Für einen Tauchgang muss einiges vorbereitet werden. Betrachte die Abbildung.**

b **Baue mit Hilfe der Objekte in den beiden Schatztruhen Sätze, die zu dem Bild passen.**

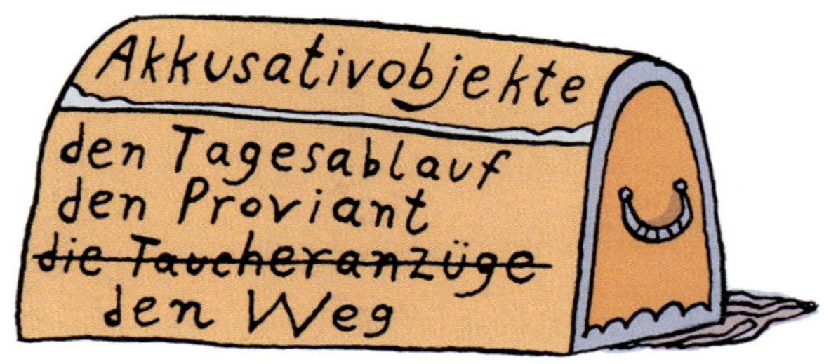

A Eine Frau übergibt die Taucheranzüge.

\+ Eine Frau übergibt einer Taucherin die Taucheranzüge.

B Ein Angestellter überreicht ______________________________.

\+ Ein Angestellter überreicht ______________________________.

C Ein Mann beschreibt ______________________________.

\+ Ein Mann beschreibt ______________________________.

D Der Teamleiter erklärt ______________________________.

\+ Der Teamleiter erklärt ______________________________.

2 ●○○

a **Schreibe mit Hilfe der folgenden Satzglieder einen sinnvollen Satz:**

Wortspeicher

eine SMS   schickt   ~~der Teamleiter~~   seiner Familie

Der Teamleiter ______________________________

b **Unterstreiche das Akkusativobjekt orange, das Dativobjekt grün.**

Objekte verwenden – Abenteuer Tauchen (Teil 2)

1 ●●● **Im folgenden Text stehen einige Objekte noch nicht im richtigen Fall (Kasus ▸ S. 42).**

a Entscheide, ob ein Akkusativ- oder ein Dativobjekt fehlt. Ergänze die Lücken mit Hilfe der Begriffe, die du in Klammern gesetzt findest.

b Unterstreiche die Akkusativobjekte orange, die Dativobjekte grün.

Eine sensationelle Entdeckung

Im Jahr 2000 starteten Franck Goddio und sein Team ______________ (*die Suche*) nach der alten Stadt Herakleion. Vor der ägyptischen Küste und zehn Meter unter der Wasseroberfläche bemerkten sie plötzlich ______________ (*eine Veränderung*) auf dem Meeresgrund. Sofort untersuchten sie ______________ (*der Boden*) und prüften ______________ (*jeder Quadratmeter*). Taucher schickten ______________ (*der Teamleiter*) Aufnahmen von Steinen, Mauern, Tempelresten und Statuen. Nach langem Suchen entdeckten sie ______________ (*eine Figur*), die den alten ägyptischen Nilgott Hapi darstellte. Bald darauf fanden die Taucher auch ______________ (*der berühmte Heraklestempel*). Franck Goddio und ______________ (*sein Team*) wurde auf einmal bewusst: Sie hatten das berühmte Herakleion entdeckt.

2 ●●● **Hier wurden Akkusativ- und Dativobjekte nicht richtig eingesetzt. Berichtige die beiden Sätze so, dass sie wieder sinnvoll sind.**

VORSICHT FEHLER!

Warum versank Herakleion?

Franck Goddio schuldete die Öffentlichkeit einer Erklärung.

____

Vermutlich zerstörte eine Flutwelle dem Untergrund.

____

Texte überarbeiten

Methode **Die Umstellprobe**

Durch die **Umstellprobe** können Texte **abwechslungsreicher** gestaltet werden.
Satzglieder werden dabei so umgestellt, dass die **Satzanfänge nicht immer gleich** sind, z. B.:
Die Menschen benutzen heute Zahnbürste und Zahnpasta. Die Menschen pflegen heute ihre Zähne.
→ *Die Menschen benutzen heute Zahnbürste und Zahnpasta. Heute pflegen die Menschen ihre Zähne.*

1 Zahnpflege gibt es nur in der Neuzeit? Lies den Text.

(1) Bei einer Ausgrabung wurde ein uralter Alltagsgegenstand gefunden.
(2) Bei der Ausgrabung stieß man auf kleine Zweige.
(3) Die Entdeckung war eine Sensation.
(4) Die Menschen verwendeten die Zweige vor 5000 Jahren.
(5) Sie reinigten damit ihre Zähne.

2 Gestalte den Text abwechslungsreicher.

a Ermittle in den Sätzen 2 und 4 die Satzglieder mit Hilfe der Umstellprobe. Unterstreiche alle Satzglieder.
b Prüfe, welche Satzglieder du in den Sätzen 2, 4 und 5 an den Satzanfang stellen könntest. Umkreise sie.
c Schreibe den Text neu auf.

Die erste Zahnbürste der Welt

Bei einer Ausgrabung wurde ein uralter Alltagsgegenstand gefunden. …

3 a Auch beim folgenden Text besteht Überarbeitungsbedarf. Ermittle und unterstreiche die Satzglieder.

Heute kann man Zahnpasta überall kaufen. Heute ist Zahnpasta nichts Besonderes mehr. Schon vor langer Zeit benutzten die Menschen Zahnreinigungsmittel. Schon 4000 v. Chr. gab es eine erste Zahnpasta. Mit Bimsstein und Essig reinigte man die Zähne. Mit diesem Mittel wurden sie besonders sauber.

b Gestalte den Text abwechslungsreicher.
Umkreise jeweils das Satzglied, das an den Satzanfang kommen soll. Schreibe den Text in dein Heft.

Information **Die Ersatzprobe**

Mit der **Ersatzprobe** kann man Satzglieder, die sich in einem Text häufig wiederholen, durch andere Wörter ersetzen.

- **Nomen** (▶ S. 39) lassen sich **durch Personalpronomen** (▶ S. 46) ersetzen, z. B.:
  Sie
  Viele Touristen nahmen Tonscherben mit. ~~Die Touristen~~ hatten danach ein schlechtes Gewissen.
- **Verben** (▶ S. 50) tauscht man **gegen andere Verben** aus, z. B.:
  entdeckten
  Gestern fanden wir viele Tonscherben. Heute Morgen ~~fanden~~ wir erneut welche.

4 **Im folgenden Text sind Wörter farbig unterlegt, die sich wiederholen.**
Wähle aus dem Wortspeicher passende Wörter, mit denen du die unterlegten Wörter ersetzen kannst.
Notiere das neue Wort wie im folgenden Beispiel über oder auf das alte Wort.

Wortspeicher

ihnen Sie Sie Sie brauchen verstecken entdecken es ihn lesen senden

Ein spätes schlechtes Gewissen

Sie

Der Chaco-Canyon ist eine berühmte Touristenattraktion in den USA. ~~Die Touristen-Attraktion~~ zieht jedes Jahr unzählige Touristen an. Hier befinden sich die Ruinen der Pueblo-Indianer. Die Pueblo-Indianer lebten hier vor 750 Jahren. In den Ruinen findet man immer wieder Spuren des alten Volkes. Touristen finden häufig Tonscherben im Sand. Die Tonscherben nehmen sie dann oft als Andenken mit nach Hause. Doch seit einiger Zeit plagt viele ein schlechtes Gewissen. Einige versuchen das schlechte Gewissen loszuwerden und schicken die Scherben per Post zurück. Manche schicken auch eine Entschuldigung.

5 **a In dem Text „Der gestohlene Inka-Schmuck" taucht ein Nomen immer wieder auf. Unterstreiche es.**

Der gestohlene Inka-Schmuck

Nach vier Wochen hat ein Dieb den gestohlenen Inka-Schmuck zurückgebracht. Den Dieb plagte nach der Tat ein schlechtes Gewissen. Der Dieb hatte als Fahrer für ein Ausgrabungsteam gearbeitet. Mit einem Generalschlüssel war es dem Dieb gelungen, in den Raum mit den Fundstücken zu gelangen. Dort hatte der Dieb den Schmuck gestohlen. Weil der Dieb nicht wusste, wo er den Schmuck verstecken sollte, legte er ihn wieder zurück. Als der Forschungsleiter den Fahrer auf den Diebstahl ansprach, gab der Dieb die Tat zu.

b Schreibe ein passendes Personalpronomen (*er, ihn, ihm*) über das Nomen, das du sinnvoll ersetzen willst.

Teste dich!

Satzglieder

1 a Stelle die Satzglieder des folgenden Satzes so um, dass sich die Aussage nicht verändert. Notiere die beiden sinnvollsten Möglichkeiten.

PUNKTE

(1) Der Kellner brachte dem Gast eine große Portion Nudeln.

(2)

(3)

b Unterstreiche in den Sätzen (2) und (3) die Satzglieder in verschiedenen Farben, z. B. das Subjekt (schwarz), das Prädikat (braun), das Akkusativobjekt (orange), das Dativobjekt (grün).

PUNKTE

c Kreuze den Satz an, der direkt auf die folgende Frage antwortet: Wem brachte der Kellner eine große Portion Nudeln?

PUNKTE

d Untersuche den Satz (1) genauer. Ergänze die passenden Zahlen.

PUNKTE

Der Satz hat Wörter und Satzglieder.

2 a Ermittle die Satzglieder des folgenden Satzes. Schreibe dazu den Satz so auf, dass ein Aussagesatz (► S. 62) entsteht.

PUNKTE

Erfand jemand dein Lieblingsessen?

b Füge in den Aussagesatz die beiden folgenden Satzglieder ein. Schreibe den Satz neu auf.

PUNKTE

vor langer Zeit | vielleicht

3 a Unterstreiche im Text die Satzglieder in verschiedenen Farben: die Subjekte (schwarz), die Prädikate (braun), die Akkusativobjekte (orange), die Dativobjekte (grün).

PUNKTE

(1) Nudeln schmecken vielen Menschen. (2) Haben Chinesen die Teigwaren erfunden? (3) Seit Kurzem hat man Gewissheit. (4) Ein chinesisches Forscherteam machte einen sensationellen Fund. (5) Es fand 4000 Jahre alte Steinzeitspaghetti. (6) Die Reste zerfielen den Forschern. (7) Trotzdem entdeckten sie ein paar Besonderheiten. (8) Die Steinzeitmenschen verwendeten eine bestimmte Getreidesorte.

b Mit welcher Frage kannst du das Satzglied „den Forschern“ in Satz 6 erfragen? Schreibe die Frage auf.

PUNKTE

Frage:

4 **Aus den folgenden Wörter-Puzzleteilen kannst du einen Satz bauen. Formuliere so, dass ein Satz mit einem Akkusativobjekt und einem Dativobjekt entsteht.**

PUNKTE

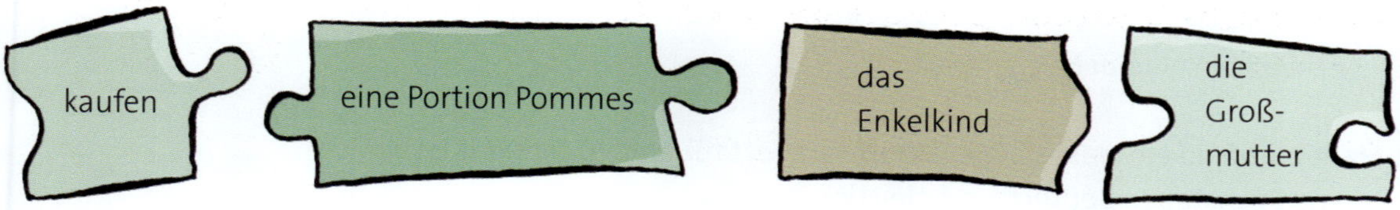

5 **Wer hat die Pommes erfunden? Die beiden Textteile A und B geben dir darüber Auskunft. Schreibe die Texte um, damit sie abwechslungsreicher klingen.**

A In Belgien herrschte 1680 ein strenger Winter. In ganz Belgien froren Flüsse und Seen zu. Die Belgier aßen gern kleine frittierte Fische. Die Belgier konnten in diesem Winter keine Fische fangen.

B Die Belgier frittierten in diesem Winter Kartoffeln. Die Belgier schnitten die Kartoffeln in längliche Stücke und frittierten die Kartoffeln in heißem Fett. Von Belgien aus verbreiteten sich die Pommes auf der ganzen Welt.

a Überarbeite Text A. Unterstreiche alle Satzglieder. Nutze die Umstellprobe.

b Umrahme die Satzglieder, die du umstellen willst.

c Schreibe den Text neu auf.

PUNKTE

PUNKTE

PUNKTE

d Verbessere die Fortsetzung des Textes mit Hilfe der Ersatzprobe. Schreibe auch Text B neu auf.

PUNKTE

6 **Zähle die Punkte, die du erreicht hast, mit Hilfe des Lösungsheftes zusammen (▸ S. 22).**

☺ 37–30 Punkte	☺ 29–17 Punkte	☹ 16–0 Punkte
Gut gemacht!	Gar nicht schlecht! Wo hattest du Schwierigkeiten? Wiederhole die passenden Übungen auf S. 63–75.	Du solltest noch einmal üben! Arbeite die S. 63–75 erneut durch.

Rechtschreibstrategien anwenden – Fehler vermeiden

Lesbar schreiben, deutlich sprechen

Methode **Lesbar schreiben**

Übe deine **Handschrift** so ein, dass sie auch Wort für Wort für andere sehr gut **lesbar** ist.
- Schreibe deine **Buchstaben deutlich** und **gleichmäßig**.
- Achte darauf, dass man deine **Buchstaben nicht verwechselt**.
- Halte **eine Schreibrichtung** bei. Die Schrift sollte sich aber nicht zu stark nach rechts oder links neigen.

1 **Prüfe deine Schul- und Arbeitshefte. Kreuze die zutreffende Aussage an:**

☐ Meine Schrift ist sauber und lesbar.

☐ Meine Schrift ist lesbar, aber nicht gleichmäßig.

☐ Meine Schrift ist lesbar, aber unsauber.

2 **Wenn man Wörter am Telefon buchstabiert, spricht man deutlich das folgende Buchstabieralphabet.**
a **Wähle von den drei Schriftarten die aus, die du gelernt hast, und schreibe alle Wörter in Schönschrift ab.**

A wie Anton ____________________

Ä wie Ärger ____________________

B wie Berta ____________________

C wie Cäsar ____________________

D wie Dora ____________________

E wie Emil ____________________

F wie Friedrich ____________________

G wie Gustav ____________________

H wie Heinrich ____________________

b **Das Buchstabieralphabet geht noch weiter. Ordne ihm die folgenden Wörter alphabetisch zu. Schreibe sauber und lesbar in dein Heft.**

Nordpol **Y**psilon **O**tto **M**artha **V**iktor **L**udwig **Ö**konom **P**aula **Q**uelle **Sch**ule **R**ichard **S**amuel **I**da **Ü**bermut **X**anthippe **T**heodor **J**ulius **Z**acharias **U**lrich **W**ilhelm **K**aufmann

c **Buchstabiere mündlich deinen Namen nach dem Buchstabieralphabet.**
d **Schreibe deinen Namen gut lesbar nach dem Buchstabieralphabet in dein Heft.**

Strategie Schwingen – Wörter in Silben sprechen

Methode **Wörter schwingen**

- **Vor** dem Schreiben: **Sprich die Wörter deutlich in Silben**. Zeichne Silbenbögen in die Luft.
- **Beim Schreiben**: Sprich die Silben leise mit. Sprich nicht schneller, als du schreibst.
- **Nach dem Schreiben**: Prüfe, ob du richtig geschrieben hast.
  Lies Silbe für Silbe und unterlege jede Silbe mit einem Silbenbogen, z. B.:
  die Kran ken bet ten *die Son nen blu men blü ten*

1 a Bereite die folgenden Wörter für ein Eigendiktat vor. Beachte den ersten Tipp in der Methode oben.

das Gei gen bo gen ma te ri al   die Gemüsesuppe   die Gewitterwolkentürme

der Wintermantelkragen   die Katzenangelbastelanleitung   die Bananenstauden

b Lies die Wörter in Silben, decke sie zu und schreibe sie unten auf.
Tipp: Ziehe zur Kontrolle Silbenbögen und prüfe, ob du alles richtig geschrieben hast.

2 Ziehe die Silbenbögen und notiere zu jedem Wort, wie viele Silben es hat.

die Piratenhutfeder		die Kamelkarawane	
der Schokoladennikolaus		das Hundeschlittenrennen	

3 a Finde die Fehler in den Wörtern. Sprich die Stelle, an der das Schwingzeichen steht, deutlich in Silben.

die Badeazüge   die Wundrkerzen   der Hundeschliten   der Melonenkerweitspuckr

b Schreibe die Wörter richtig auf.

c Schwinge auch diese Wörter. Sprich deutlich in Silben. Setze das Schwingzeichen an die Fehlerstelle.

der Btterdosendeckel   das Sommergewtter   das Wintergemse   der Kischkuchen

d Korrigiere die Wörter in deinem Heft.

Besondere Buchstaben – *sp, st, qu*

1 **a** Lies die folgenden Wörter deutlich in Silben. Zeichne die Silbenbögen.
b Markiere: An welcher Stelle sprichst du die Wörter anders, als du sie schreibst?
c Ergänze die Sätze in der zweiten Zeile der Tabelle.

die Spatzen · der Sport · der Spaten die Spucke · die Speise · die Spuren	starten · stehen · steigen stellen · sticheln · stauben
Man spricht ______. *Man schreibt* ______.	*Man spricht* ______. *Man schreibt* ______.

2 **a** Lies die folgenden Wörter deutlich in Silben.
b Markiere die Stelle, an der du anders sprichst, als du schreibst.

quer · bequem · das Aquarium · der Quatsch · die Qualle · der Quark

c Ergänze den Satz: *Man spricht* ______, *aber man schreibt* ______.

3 Prüfe, ob die von dir gefundenen Sprech- und Schreibweisen auch für andere Wörter zutreffen. Lege eine Tabelle im Heft an (Wörter mit *sp*, Wörter mit *st*, Wörter mit *qu*) und finde im Wörterbuch passende Wörter.

4 Die Schreibweise bleibt bei allen Wörtern einer Wortfamilie erhalten, z. B.: *Quer, die Querflöte, überqueren ...*
Finde im Wortgitter mindestens 7 *Qu*-Wörter. Schreibe diese Wörter neben dem Gitter auf.

Q	Q	U	E	L	L	W	A	S	S	E	R
Q	U	A	R	K	K	U	C	H	E	N	C
C	J	Q	U	E	R	D	E	N	K	E	R
G	K	M	A	G	E	R	Q	U	A	R	K
F	E	U	E	R	Q	U	A	L	L	E	E
M	Q	U	E	R	S	U	M	M	E	G	Z
Q	U	E	C	K	S	I	L	B	E	R	F
L	F	L	U	S	S	Q	U	E	L	L	E
Q	U	A	L	L	E	N	A	R	T	E	N
Q	U	A	T	S	C	H	K	O	P	F	A

______
______
______
______
______
______
______
______
______
______

Strategie Verlängern – Einsilber

Methode **Verlängern und schwingen**

- Bei Einsilbern kann man Buchstaben verwechseln oder nicht immer sicher zuordnen.
- Beim **Schwingen** jedoch kann man jeden Buchstaben deutlich hören, z. B.: *der Mor gen*.
- Damit man einen Einsilber schwingen kann, muss man eine Silbe anfügen: Man **verlängert** das Wort.

Beispiele für **Einsilber:**	*der Zwerg*	*hell*	*kennt*
Verlängerte Einsilber:	*die Zwer ge*	*hel ler als*	*wir ken nen*

1 **a** **Schwinge die Wörter in dem folgenden Wortspeicher.**
Markiere die Stelle im Wort, an der du anders sprichst, als du schreibst.
b **Setze das Strategiezeichen für Verlängern über die Verlängerungsstelle.**

der Freund die Freunde das Grab der Gräber das Lob loben der Tag die Tage
lieb der Zug lügt gibt lebt siegt rund die Wand

c **Ordne die Wörter aus dem Wortspeicher in die richtige Tabellenspalte ein.**

Wörter, die man schwingen kann (man hört alles):	Wörter, die man verlängern muss:
die Freunde, ...	*der Freund, ...*

d **Verlängere einen Einsilber und du findest heraus, ob er mit *b*, *d* oder *g* am Ende geschrieben wird.**
Ordne in deinem Heft die Wörter, die man verlängern muss, in eine Tabelle ein:

Wörter mit *b* am Ende:	Wörter mit *d* am Ende:	Wörter mit *g* am Ende:
das Grab, ...		

2 **a** **Markiere in den nächsten Sätzen die Wörter, die man verlängern muss, mit dem Strategiezeichen.**
b **Schreibe die Wörter mit den Verlängerungswörtern in dein Heft. Setze bei Nomen den Artikel davor.**

Der Zug zog tausend Tonnen Sand zum Strand.
Er band ein Band um das Bild und hängte es damit an den Nagel in der Wand.
Der Blitz tobt hell und grell leuchtend über das Land.

Strategie Verlängern – Zweisilber

1 **a** **Schwinge die zweisilbigen Wörter. Markiere die Stelle, an der du anders schreibst, als du sprichst.**
b **Verlängere die Zweisilber. Bilde z. B. Verben oder den Plural der Nomen (▸ S. 41).**

Wörter mit ______	Wörter mit ______	Wörter mit ______
Erwerb – erwer...en	Kamerad – ______	farbig – ______
Betrieb – ______	Bescheid – ______	Anzug – ______
Urlaub – ______	Verband – ______	Betrug – ______

c **Ergänze die drei Überschriften in der Tabelle.**
d **Kreuze die richtige Antwort an:**

☐ Die Problemstellen befinden sich alle am Wortanfang.

☐ Die Problemstellen befinden sich alle am Wortende.

2 **a** **Ordne in das untere Gitter die folgenden einsilbigen Verben (▸ S. 50) richtig ein:**
fragt, sagt, hebt, lebt, webt, gräbt, schlägt, trabt, jagt, folgt.
b **Beweise die Schreibweise der Verben. Verlängere sie zur zweisilbigen Grundform (Infinitiv ▸ S. 50).**

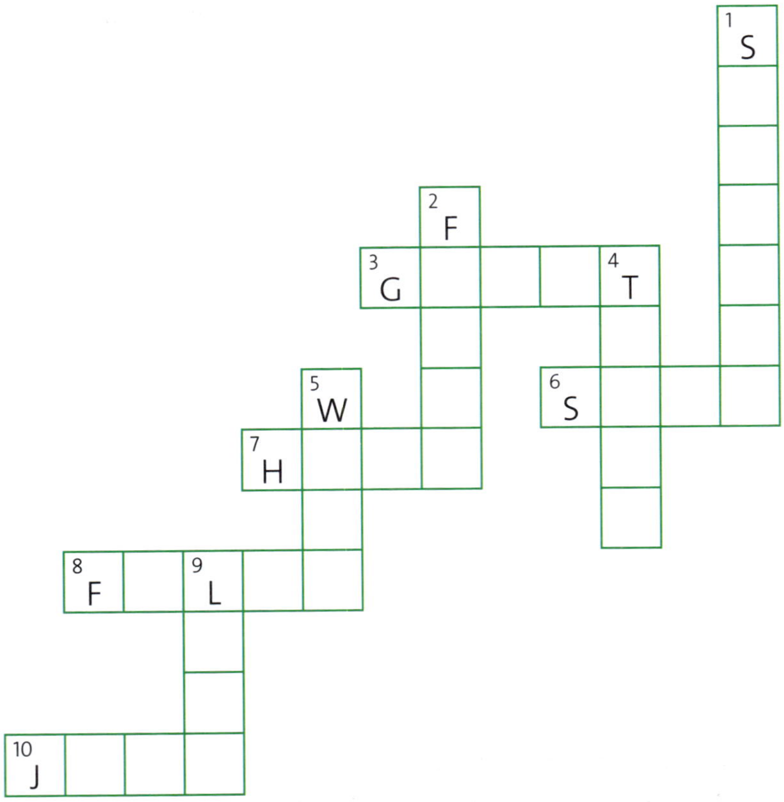

1 schlägt - schla ______
2 ______
3 ______
4 ______
5 ______
6 ______
7 ______
8 ______
9 ______
10 ______

3 **Setze ein: *b/p, d/t* oder *g/k*?**

he____t erfol____t spannen____ elen____ kal____

der Wal____ lie____ bewöl____t gespann____ intelligen____

Strategie Zerlegen – Zusammengesetzte Wörter

Methode **Zusammengesetzte Wörter zerlegen und verlängern**

- In zusammengesetzten Wörtern können sich **Verlängerungsstellen** verstecken.
- Die unklaren Auslaute und Einsilber findet man, indem man die Wörter zerlegt und dann verlängert, z. B.:

  *Han**d** tuch – die Hän**d**e.*

- Manchmal muss man auch Wortbausteine abtrennen, bevor man verlängern kann, z. B.:

  das Räd|chen| – die Räder.

1 **Bilde aus den folgenden Wörtern mindestens 5 weitere zusammengesetzte Wörter.**

der Himmel   die Wolken   die Sonne   die Hitze   der Bogen   der Regen   der Sommer   die Blumen
die Tomate   die Suppe   der Spargel   die Stange   die Sonne   die Blume   die Kerne   der Kürbis

der Wolkenhimmel, ______________________________

____

2 **a** **Setze jeweils ein Wort aus dem blauen Koffer und dem orangefarbenen Koffer zu einem Wort zusammen. Schreibe sie mit ihrem Artikel wie im Beispiel unten auf.**
b **Markiere alle Stellen, an denen man verlängern muss, mit dem Strategiezeichen. Schreibe die Beweiswörter dazu.**

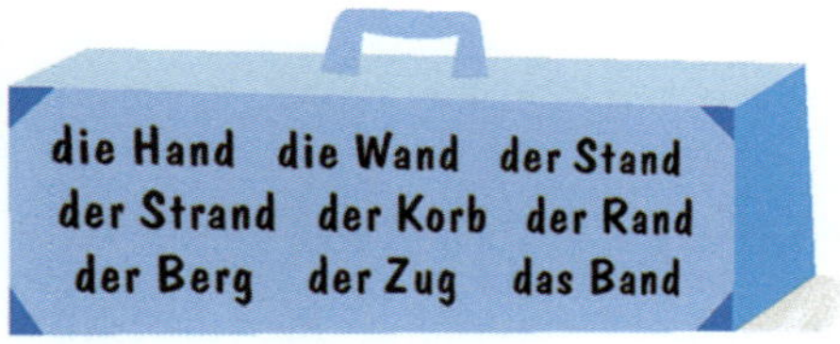

die Hand/tasche – die Hände, ______________________________

____

____

3 **Markiere die beiden richtigen Antworten farbig:**
- Die Verlängerungswörter befinden sich im blauen Koffer links.
- Die Verlängerungswörter befinden sich im orangefarbenen Koffer rechts.
- Der Artikel der zusammengesetzten Wörter richtet sich immer nach dem hinteren Wort.
- Der Artikel der zusammengesetzten Wörter richtet sich immer nach dem vorderen Wort.

4 **Unterstreiche die 5 Wörter, in denen sich Verlängerungsstellen befinden.**

Blumensamen	Morgenstern	Mondfinsternis	Abendstern	Sonnenwärme
Brillenrand	Handballtor	der Klugredner	der Musterschüler	Sommersonne

5 **a In dem Gedicht „Zoologie“ steht im letzten Vers das zusammengesetzte Wort „Glaubtier“. Was bedeutet das? Kreuze die richtige Antwort an:**

- ☐ Ein Glaubtier ist ein Tier, das an sich selbst glaubt. Deshalb ist es zufrieden und glücklich.
- ☐ Ein Glaubtier ist ein Tier, das es gar nicht gibt. Manche Menschen glauben allerdings an dieses Tier.

Wolf Harranth

Zoologie

Der Löwe ist ein Raubtier	
Der Laubfrosch ist ein Laubtier	entlauben, die Gartenlaube
Das Nilpferd ist ein Schnaubtier	und
Der Käfer ist ein Staubtier	
Der Holzwurm ist ein Schraubtier	
Das Einhorn ist ein Glaubtier	

b Unterstreiche die zusammengesetzten Wörter des Gedichts, in denen sich Verlängerungsstellen befinden.

c Markiere die Stellen, an denen man anders spricht, als man schreibt, mit diesen Strategiezeichen:

d Notiere wie im Beispiel neben jedem Vers die Verlängerungswörter.

6 **a Umrahme im Tagebuchtext 5 zusammengesetzte Wörter, die man schwingen kann, weil man sie schreibt, wie man sie spricht.**

Liebes Tagebuch,

wir sind zwar erst seit den Sommerferien in der neuen Schule, aber schon sind wir im **Schullandheim** im Sauerland gelandet. Wenn doch nur die **endlos** langen Wanderungen nicht wären! Für mich als **Flachlandbewohner** sind das immer gleich richtige **Bergwanderungen**. Ich habe schon Muskelkater.

Aber heute war es gut. Wir sind zur Mühlenkopfschanze nach Willingen gelaufen und durften auch hoch. Natürlich nicht auf die Schanze selbst, aber wie die **Pfadfinder** konnten wir uns einen Zickzack-**Waldweg** erklettern. Oben kann einem schon schwindlig werden. Dass die Skispringer da freiwillig herunterspringen, ist **unglaublich**.

Anschließend konnten wir mit dem Sessellift in den Ort fahren und das **Schwimmbad** besuchen. Vorher jedoch sind wir in einen solchen Regenguss gekommen, dass wir alle pudelnass waren und unsere Lehrer uns von einem Reisebus abholen lassen mussten. An dem Tag gab es keine Wanderung mehr!

b Zerlege die fett geschriebenen Wörter. Setze die Strategiezeichen und schreibe die Beweiswörter dazu. Arbeite in deinem Heft.

Strategie Ableiten – Wörter mit *ä* und *äu*

Methode **Wörter mit *ä* und *äu* ableiten**

- Die Vokale *e* und *eu* sind leicht mit *ä* und *äu* zu verwechseln.
- **Normalerweise** schreibt man ***e* oder *eu***.
- Wenn es **verwandte Wörter mit *a* oder *au*** gibt, dann schreibt man **ä oder äu**, z. B.:

die Welt – aber: *er hält*, denn es heißt: *halten*   *die Leute* – aber: *er läutet*, denn es heißt: *laut*

1 **Setze über die folgenden Wörter das Strategiezeichen für das Ableiten an die richtigen Stellen. Begründe die Schreibweise der Wörter durch ein Beweiswort.**
Tipp: Orientiere dich am Beispiel in der Methode.

bellen – aber: die Bälle, denn: der ____

bessern – aber: wässern, denn: das ____

die Kelten – aber: die Kälte, denn: k ____

die Zeugen – aber: die Zäune, denn: ____

heute – aber: die Häute, denn: ____

beugen – aber: säugen, denn: s ____

2 **Die Schreibung von *ä* oder *äu* bleibt in allen Wörtern einer Wortfamilie erhalten, z. B.:**
der Hahn: die Hähne, die Hähnchen, die Hähnchenzucht, der Hähnchenknochen …

Bilde zu folgenden Wörtern Wortfamilien:

das Haus, die H ____

die Maus, ____

die Kraft, ____

der Raum, ____

das Glas, ____

der Traum, ____

3 **Bilde aus den folgenden Wörtern Ableitungswörter. Nutze dazu die Bausteine *-chen* oder *-lein*.**

die Flasche, die Fläschchen, das Fläschlein

der Arm, ____

die Haube, ____

der Bach, ____

der Zahn, ____

die Hand, ____

die Tasche, ____

die Bahn, ____

die Gabel, ____

das Lamm, ____

der Zaun, ____

der Spatz, ____

4 **Trage die gesuchten *äu*-Wörter in das Gitter ein.**

Waagerecht: 1 ballt man bei Wut 2 weiblicher Bauer 3 kleine Eulenart 4 kleine Mauer 5 hat man im Schlaf 6 unerwünschte Tierchen in den Haaren 7 anderes Wort für oft 8 kleiner Daumen 9 kleine Pflaume

Senkrecht: Gegenteil von süßlich

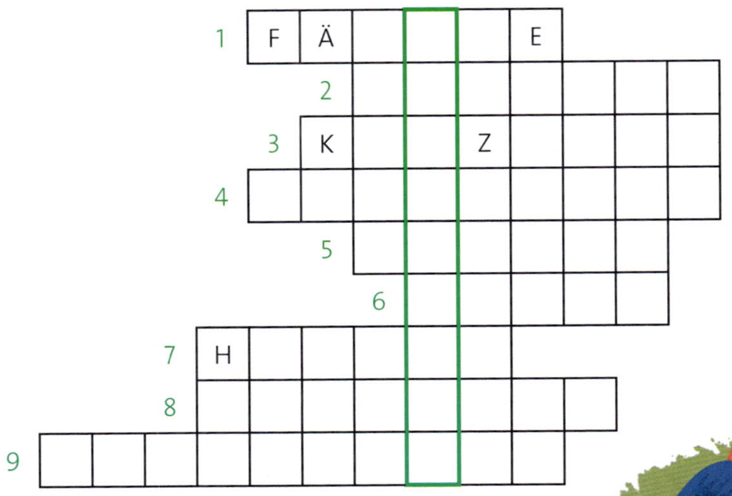

5 **In dem folgenden Text gibt es keine *ä*- und *äu*-Schreibung.**

a **Markiere die 15 Fehler.**

b **Schreibe die Wörter korrigiert mit Beweiswort auf.**

Ein eltlicher Papagei saß auf der Stange und krechzte so laut, dass man es in allen Reumen des Heuschens hören konnte. Das Gereusch hallte lenger in den Ohren, als einem lieb war. Keiner in der Familie konnte das Krechzen abstellen, der Vogel war einfach ungezehmt. Das regte auch die Nachbarn auf, die kein Verstendnis für das ungezogene, freche Tier hatten.

Dass der Vogel auch die nechtliche Ruhe störte, war für sie unertreglich. Alle waren froh, wenn der Vogel die wenigen Setze sprach, die er gelernt hatte. Das kam leider nicht heufig vor. Das war schade, denn zur Freude aller schlief der Vogel dabei regelmeßig ein. Dann gab es ein Peuschen für Ohren und Nerven.

ältlicher, denn: alt;

Im Wörterbuch nachschlagen

Methode **Im Wörterbuch nachschlagen**

Wörter mit demselben Anfangsbuchstaben werden im Wörterbuch nach dem zweiten Buchstaben geordnet. Sind die ersten beiden Buchstaben gleich, wird nach dem dritten geordnet usw., z. B.:
schwarz *schwer* *schwindelig* *Schwung*

1 **a** **Trage die fehlenden Buchstaben des Alphabets ein.**

	B			E			H		J			M
		P				T					Y	

b **In den folgenden 26 Wörtern fehlt jeweils der erste Buchstabe. Vervollständige die Wörter.**
Tipp: Jeder Buchstabe aus dem Alphabet kommt genau einmal vor.
Streiche den Buchstaben aus der Tabelle, den du verwendet hast.

X ENIA ____NORAK ____ÖNIG ____ALSTUCH ____NTERESSE ____ÜRGEN ____PFER ____IPLOM

____HINA ____INLADUNG ____URKE ____AMILIE ____INUTE ____UKUNFT ____OTENHEFT

____ORHER ____FERDE ____UARK ____ETTER ____AHARA ____RICKDIEB ____EISEZIEL

____OGEN ____NTERSATZ ____EITER ____ACHT

c **Ordne die Wörter nach dem Alphabet und notiere sie. Schreibe bei Nomen (▶ S. 39) den Artikel dazu.**
Tipp: Falls du den richtigen Artikel nicht weißt, kannst du ihn im Wörterbuch nachschlagen.

2 **In welcher Reihenfolge findest du die folgenden Wörter im Wörterbuch? Nummeriere sie:**

☐ auffressen ☐ aufheben ☐ aufklappen ☐ aufklären

☐ aufgeben ☐ aufgehen ☐ aufhebeln ☐ aufknacken

Texte überarbeiten – Die Strategien anwenden

1 In dem Roman „Der Junge, der sich in Luft auflöste“ beschreibt der Erzähler Ted, wie er einen Tisch deckt.

a Finde die Fehler in den rot gekennzeichneten Wörtern.

b Markiere: In welcher Form legt Ted das Besteck zurecht?

Siobhan Dowd

Der Junge, der sich in Luft auflöste

In der Küche hatte Mum den Tisch zu voller Lenge von fast zwei Metern ausgezogen, sodass sechs Personen Platz hatten, aber weil ich der Dünnste bin, musste ich mich an das eine kurze Ende quetschen, mit dem Rücken zur Verandatür. Mum hatte eine weiße Decke auf die Tischplate gelekt und ließ mich den Tisch decken, weil das meine Aufgbe war. Danach ging Mum einmal herum und schaute nach, ob ich auch alles richtik herumgelegt hatte, was völlig unnötik war, weil ich das Tischdecken sehr gut beherrsche. Ich stele mir Meser, Gabel und Löfel so vor, als weren sie ein Stromkreiß. Das Messer speist das hintere Ende des Löffels, und das vordere Ende des Löffels speist die Zinken der Gabel, und die Tischkate schließt den Kreis. Und zwichen jedem Teil mus ein Neunziggradwinkel liegen, also ist der Stromkreis ein perfektes Rechteck. Wenn man es so macht, kan überhaupt nichts schiefgehen.

Mum hatte eine Vase mit Blumen aus dem Garten in die Mitte des Tisches gestelt. Und ein Holzbret mit massenweise Brot. Sie hatte unsere besten Gleser gedeckt, in denen von ihr gefaltete Servietten steckten, sodass jede über den Glasrant hinausguckte.

2 Prüfe, mit welcher Strategie man die Fehler vermeiden kann.
Korrigiere die Wörter und ordne sie den jeweiligen Strategien zu.

A SCHWINGEN: Deutlich in Silben mitsprechen; Buchstabenfehler im Wort, z. B.: *Muter* statt *Mutter*.

B VERLÄNGERN: Fehler bei Einsilbern und am Wortende, z. B.: *Berk* statt *Berg*, denn: die *Berge*.
Schreibe die Wörter und ihre Verlängerungsform auf.

C ABLEITEN: Verwechslung von *e* und *ä*, *eu* und *äu*, z. B.: die *Beume* statt die *Bäume*, denn: der *Baum*.
Schreibe das Wort mit dem Beweiswort auf.

Teste dich!

Strategien anwenden

1 **Finde die Fehler. Schwinge die Wörter und korrigiere sie.**

PUNKTE

Sommerfrsche Überlebnskünstler Sportereignise

Schülrversammlng Schlafzimmrleselape Wintrsternenbildr

2 **Setze ein: *b/p*, *d/t* oder *g/k*?**

PUNKTE

– ***b* oder *p*?** der Urlau___ der Rau___ der Sta___ das Gra___ der Lei___ das Sie___

– ***d* oder *t*?** die Lan___schaft nieman___ hunder___ tausen___ run___ gesun___

– ***g* oder *k*?** der Umzu___ der Anora___ witzi___ die Meldun___ trauri___ der Anzu___

3 **Zerlege die Wörter. Setze 12 Verlängerungszeichen an die richtigen Stellen über die Wörter.**

PUNKTE

die Handtasche das Blickfeld die Kunststoffpuppe die Schreibtischschublade

die Anzughose der Rollladen der Brummkreisel der Schnellzug

4 **Vorsicht: Fehler! Hier sind alle Wörter mit *e* oder *eu* geschrieben.**

a **Notiere das Strategiezeichen für das Ableiten über die fehlerhaften Stellen.**

b **Schreibe die korrigierten Wörter mit dem Beweiswort auf.**

PUNKTE

schrecklich fellig prechtig glenzen schwermen die Hende das Wesen
greulich bleulich die Wildseue das Keuzchen heute die Gereusche die Kopfleuse

5 **Prüfe deine Lösungen und die Punktzahl mit Hilfe des Lösungsheftes und schätze dich selbst ein (▸ S. 25 f.).**

GESAMT

Ich kann ...				
Da bin ich sicher:				
Das muss ich noch üben:				
Hier kannst du noch einmal üben:	S. 79/80	S. 81/82	S. 83/84	S. 85/86

Regeln zum Rechtschreiben – Auf Nummer sicher

Silben unterscheiden – Offene und geschlossene

Information **Offene und geschlossene Silben unterscheiden**

- Enden Silben mit einem **Vokal**, nennt man sie offen, z. B: *die Ro se.*
- Enden Silben mit einem **Konsonanten**, nennt man sie geschlossen, z. B.: *die Kis te.*

1 **Schwinge diese Lautwörter.**
Markiere alle offenen Silben grün und alle geschlossenen Silben orange, z. B.:

tatütata	lalalum	lalala	sumsumsi
lalilalu	sisasam	susiso	brumbrumba

2 **a Markiere alle offenen Silben grün und alle geschlossenen Silben orange.**

Wol Le Wol Nel Ne Kis Mau Lei er bel ke ke le te ter der
rei pflan rei mei mer strei wol war len ten ken nen ten sen zen ten

b Bilde aus den Silben zweisilbige Wörter und sortiere sie nach A oder B.
Tipp: In der 1. Zeile stehen Nomen (z. B. *die Wolke*), in der 2. Zeile Verben (z. B. *reiten*).

A Wörter, bei denen die erste Silbe offen ist:

___

___

___

B Wörter, bei denen die erste Silbe geschlossen ist:

___

___

___

c Ordne die folgenden zweisilbigen Namen A oder B zu: *Eva, Jonas, Pascal, Robin, Hakan, Sonja, Britta.*

3 **Sprich die Namen aus Aufgabe 2 c deutlich in Silben und kreuze die richtigen Antworten an:**

– Wenn die Silbe offen ist, spricht man den **Vokal** *(a, e, i, o, u, ä, ö, ü)* ☐ kurz ☐ lang.

– Wenn die Silbe geschlossen ist, spricht man den **Vokal** *(a, e, i, o, u, ä, ö, ü)* ☐ kurz ☐ lang.

Doppelte Konsonanten – Achte auf die erste Silbe

Information **Erste Silbe geschlossen – doppelte Konsonanten**

- **Doppelte Konsonanten** schreibt man nur, wenn die **erste Silbe** geschlossen ist, z. B.: *die Schwä**mm**e*.
- Sind an der **Silbengrenze zwei verschiedene Konsonanten**, wird **nicht verdoppelt**, z. B.: *die Schwä**rm**e*.
- Besondere doppelte Konsonanten sind ***ck***: *bac ken* und ***tz***: *het zen*.

1 **Bei zweisilbigen Wörtern ist die Grenze zwischen den beiden Silben wichtig.**

a Ziehe die Silbenbögen unter die Wörter in den Kästen A und B. Markiere die beiden Buchstaben an der Grenze.

A

der Vokal der König der Bogen schreiben
der Nebel die Reise die Feuer die Teile

B

doppelt schwimmen rennen retten der Himmel
die Stimme das Zimmer die Nummer

b Welche der folgenden Aussagen stimmen?
Ordne die Kästen den beiden richtigen Regeln zu. Schreibe vor die Regeln den Buchstaben A oder B.

☐ Man schreibt keine doppelten Konsonanten, wenn die erste Silbe offen ist.
☐ Man schreibt keine doppelten Konsonanten, wenn die erste Silbe geschlossen ist.
☐ Man schreibt doppelte Konsonanten, wenn die erste Silbe geschlossen ist.
☐ Man schreibt doppelte Konsonanten, wenn die erste Silbe offen ist.

2 **a Ziehe die Silbenbögen unter die Wörter in den Kästen. Markiere die beiden Buchstaben an der Grenze.**

die Silbe die Grenze die Punkte schwingen
die Monde die Stürme die Sterne der Morgen

bellen stimmen wollen können
die Sonne der Himmel die Tonne die Brille

b Kreuze das Ergebnis deiner Untersuchung an:

☐ Man schreibt doppelte Konsonanten, wenn die erste Silbe geschlossen ist und man an der Grenze zwei verschiedene Konsonanten hört.

☐ Man schreibt doppelte Konsonanten, wenn die erste Silbe geschlossen ist und man an der Silbengrenze nur einen Konsonanten hört.

3 **a Schwinge die Wörter mit *ck* und *tz*. Markiere die Buchstaben an der Silbengrenze.**
b Kreuze die Ergebnisse deiner Untersuchung an.

schmecken gucken die Backe trocken	setzen sitzen putzen platzen
☐ Man spricht zwei verschiedene Konsonanten.	☐ Man spricht zwei verschiedene Konsonanten.
☐ Man spricht *k*, aber man schreibt *ck*.	☐ Man spricht *z*, aber man schreibt *tz*.

Methode **Doppelte Konsonanten in Einsilbern und zusammengesetzten Wörtern**

Prüfe, ob ein Einsilber oder ein zusammengesetztes Wort mit doppeltem Konsonanten geschrieben wird:

- **Verlängere Einsilber**, z. B.: *er backt* – denn: *wir bac ken* (*gesprochen: „bak-ken“*).
- **Zerlege zusammengesetzte Wörter** und **verlängere** sie, z. B.: *der Back | o fen* – denn: *wir backen*.

4 **Setze ein: doppelter oder einfacher Konsonant?**
Beweise durch das Verlängerungswort, z. B.: *es brennt – bren nen*.

***m* oder *mm*?** ko____t – ______ su____t – ______ bre____st – ______

***n* oder *nn*?** ne____t – ______ bre____t – ______ mei____t – ______

***l* oder *ll*?** be____t – ______ fä____t – ______ hä____t – ______

5 **Verben in der Vergangenheit haben Bausteine. Trennt man sie ab, findet man die Verlängerungsstellen, z. B.:**

***Er konn|te* – *wir kön nen*. Beweise die Schreibweise wie im Beispiel.**

er wollte – *wir* ______ er sollte – *wir* ______ er bellte – *sie* ______

er bestimmte – *wir* ______ er pflanzte – *wir* ______ er schellte – *wir* ______

6 **a** **Ordne die markierten Wörter im Text richtig in die folgende Tabelle ein.**
b **Übertrage den Text so in dein Heft, dass er als Gedicht erkennbar ist. Achte auf die Reimwörter.**

Rudolf Löwenstein

Was die Tiere alles lernen

Die Enten lernen schnattern, die Fledermäuse flattern, die Hähne lernen krähen, die Schafe und Lämmer bäen, die Tauben lernen fliegen, es meckern alle Ziegen. Die Stare lernen plappern, die jungen Störche klappern, das Mausen und Haschen lernt's Kätzchen, das Schmausen und Naschen das Spätzchen. Die Alten zeigen, wie sie's gemacht, die Jungen folgen und geben Acht und machen es dann selber.

	Erste Silbe geschlossen	
Erste Silbe offen	**Zwei verschiedene Konsonanten**	**Zwei gleiche Konsonanten**

Merkwörter – Wörter mit *aa, ee* oder *oo*

Information Merkwörter mit *aa, ee, oo*

Es gibt Wörter, die mit **zwei doppelten Vokalen** geschrieben und **lang gesprochen** werden. Diese Wörter kann man nicht mit einer Strategie lernen. Es sind **Ausnahmen**, die man sich **merken** muss, z. B.: *die Haare, die Beete, das Moor.*

1 a In diesem Suchgitter sind 24 Merkwörter mit Doppelvokalen versteckt. Streiche neben dem Suchgitter die Wörter durch, wenn du sie gefunden hast.

W	H	F	W	M	O	O	S	Z	I	K	N	A	B	P
T	F	F	G	B	E	L	T	O	L	P	M	R	T	D
K	L	E	E	S	C	H	N	E	E	A	R	M	E	E
S	V	E	S	M	X	T	P	H	D	O	O	F	Y	A
E	A	C	X	O	E	L	A	S	X	Y	T	E	E	T
E	A	B	N	O	A	B	E	E	R	E	M	K	L	E
L	L	E	L	R	W	S	C	H	B	D	V	Y	Z	E
E	L	O	S	V	W	E	H	E	E	R	N	Y	K	R
J	P	Y	A	S	R	E	S	T	E	H	L	E	A	O
N	M	P	A	A	R	I	O	Q	T	A	O	N	F	M
A	W	V	L	A	I	P	D	W	A	A	G	E	F	H
B	O	O	T	T	G	X	F	H	D	R	D	Z	E	Y
Y	Z	Z	O	O	L	S	W	H	Y	A	A	S	E	N

SEELE
SEE
HEER
BEET
AAL
KLEE
AAS
MOOR
TEE
MOOS
ZOO
TEER
SCHNEE
HAAR
FEE
KAFFEE
BOOT
DOOF
WAAGE
BEERE
SAAL
PAAR
SAAT
ARMEE

b Schreibe die Wörter ab. Notiere bei den Nomen (▸ S. 39) auch den Artikel. Ordne die Wörter nach:

aa: ____________________

____

oo: ____________________

____

ee: ____________________

____

c Bilde in deinem Heft mit einigen dieser Merkwörter sinnvolle Sätze. Bringe möglichst viele dieser Wörter unter.

i oder *ie*? – Achte auf die erste Silbe

Information **Wörter mit *ie***

Man schreibt Wörter in der Regel nur dann mit *ie*, wenn die **erste Silbe** offen ist und der **Vokal *i* lang** gesprochen wird, z. B.: *die Stie re*.

Achtung: Diese **Regel** gilt **nur für zweisilbige Wörter**!
Um die Regel anzuwenden, muss man Einsilber verlängern und zusammengesetzte Wörter zerlegen.

1 **a Schwinge die folgenden Wörter und markiere den letzten Buchstaben der ersten Silbe.**

spritzen wickeln siegen schimpfen binden wiegen kriechen kriegen singen sieben

b Sortiere die Wörter in die Tabelle ein.
c Kreuze in den beiden Tabellenspalten unten die jeweils richtige Aussage an.

Wörter mit *i*	Wörter mit *ie*
______	______
______	______
☐ Die erste Silbe ist geschlossen. Sie endet mit einem Konsonanten. ☐ Man spricht zwei verschiedene Konsonanten.	☐ Die erste Silbe ist offen. Sie endet mit einem Vokal. ☐ Die erste Silbe ist geschlossen. Sie endet mit einem Konsonanten.

2 **Setze ein: *i* oder *ie*?**
Verlängere wie im Beispiel die folgenden Einsilber, um die Regel für Wörter mit *i* oder *ie* anzuwenden:

er biegt – denn: bie gen *er singt – denn: sin gen*

er fr____rt – denn: ________ er z____ht – denn: ________

er r____cht – denn: ________ ihr w____sst – denn: ________

3 **Zerlege die zusammengesetzten Wörter, um die Regel für Wörter mit *i* oder *ie* anzuwenden.**
Markiere wie im Beispiel die Einsilber mit dem Strategiezeichen und beweise die Schreibweise, z. B.:

der Tier|han del – denn: Tie re

das Zielfernrohr – denn: ________ der Richter – denn: ________

der Schießstand – denn: ________ das Kirchenlied – denn: ________ und ________

das Schließfach – denn: ________ das Zierfischbecken – denn: ________ und ________

Methode **Wörter mit *ie* – Die Regel anwenden**

Das *ie* schreibt man, wenn die **erste Silbe in einem zweisilbigen Wort** offen ist und **mit dem langen *i* endet. Verlängere die Einsilber oder trenne Wortbausteine** (Vor- oder Nachsilben) **ab**, um die Verlängerungswörter zu finden, z. B.:

ziem|lich| – denn zie men   *|Zu| spiel – denn spie len*

4 **Setze ein: *i* oder *ie*?**
Trenne wie im Beispiel in der Methode bei den folgenden Wörtern den Baustein (die Nachsilbe) ab.
Markiere die Verlängerungsstelle mit dem Strategiezeichen, wenn nötig.

l___blich – denn: ______________________   schl___ßlich – denn: ______________________

b___gsam – denn: ______________________   g___rig – denn: ______________________

r___chtig – denn: ______________________   w___rklich – denn: ______________________

5 **a Setze ein: *i* oder *ie*? Wende die Strategien an.**

Schneew___ttchen, ein l___bes und schönes Kön___gsk___nd, wurde von der f___sen Kön___g___n z___mlich schlecht behandelt, denn sie war eifersüchtig auf die Schönheit des K___ndes. Der Jäger sollte das Mädchen töten. Als Beweis wollte die Kön___g___n die Leber und das Herz des Mädchens haben.

Der Jäger hatte aber M___tleid mit dem K___nd und l___ß es frei. Es rettete s___ch zu den s___ben Zwergen h___nter den s___ben Bergen. Die Zwerge waren sehr l___b zu ihm.

In der Zw___schenzeit befragte die Kön___g___n ihren Sp___gel, wer denn die Schönste im Lande sei. Der Sp___gel verr___t ihr, dass Schneew___ttchen noch lebte, denn sie sei die Schönste. Da nahm die Kön___g___n die D___nge selbst in die Hand. Sie g___ng los, um ihre St___ftochter eigenhänd___g zu vern___chten.

Ob es ihr gelang? Natürl___ch n___cht. Aber w___sst ihr, wie das l___be K___nd gerettet wurde? Wenn nicht, müsst ihr es euch erzählen lassen oder das Märchen lesen.

b Markiere die 6 Wörter, die du verlängern musst, mit dem Strategiezeichen:

Wörter mit *h* – Hören oder merken

Information **Wörter mit *h***

Das ***h* in einsilbigen Wörtern** kann man nicht hören, z. B.: *er geht, der Zahn.*

- Wenn man ein solches Wort **verlängert**, kann man das *h* in der Regel dann hören, wenn es die **erste Silbe** öffnet, z. B:
  er steht (Silbe geschlossen) – wir ste hen (erste Silbe geöffnet).
- Andere Wörter mit *h* sind **Merkwörter**. Man kann das *h* durch keine Strategie hörbar machen, z. B.:
  die Zäh ne, die Büh ne.

1 a Lies die Wörter deutlich in Silben. Markiere den Buchstaben, den man beim Sprechen nicht hört.

er fährt der dreht die Bahn er zahlt er steht zehn es blüht es zählt

b Bilde Verlängerungsformen und ordne die Wörter dem jeweiligen Strategiezeichen zu.

Man hört das *h*: ______________________________

(M) Man hört das *h* nicht: ______________________________

c Kreuze die drei richtigen Antworten an:

☐ Das *h* steht nur dann, wenn die erste Silbe offen ist.
☐ Das *h* steht nur, wenn die erste Silbe geschlossen ist.
☐ Das *h*, das man nicht hörbar machen kann, steht zum Ende der ersten Silbe.
☐ Das *h*, das man hörbar machen kann, steht zu Beginn der zweiten Silbe.

2 a Wer sagt in dem Gedicht „Zwiegespräch“ zuletzt „Dumme Gans“? Kreuze an: ☐ **der Hahn** ☐ **das Huhn.**
b Markiere die Wörter mit *h* entweder mit den Strategiezeichen oder (M).

Gustav Falke

Zwiegespräch

Guten Morgen, Fräulein Huhn!
Guten Morgen, Herr Hahn!
Was gedenken Sie zu tun?
Das geht Sie nichts an.
Wollen wir nicht etwas promenieren?
Danke, ich kann allein spazieren.
Sie haben heute nicht gut geruht?
Oder macht's Ihnen böses Blut,
Dass Sie noch keinen Regenwurm fanden?
Offen gestanden,
Ich finde, Sie sind sehr aufdringlich, Sie!
Dumme Gans! Kikeriki.

s oder *ß*? – Stimmhaft oder stimmlos

Information **Wörter mit *s* oder *ß***

Wörter mit *s* und *ß* sind als Einsilber kaum zu unterscheiden, z. B.: *das Gras, das Floß*.
Als Zweisilber kann man sie an ihrer **unterschiedlichen Aussprache** unterscheiden, z. B.:
die Grä ser – das *s* wird **summend** gesprochen, man nennt das auch **stimmhaft**.

die Flö ße – das *ß* wir **zischend** gesprochen, man nennt das auch **stimmlos**.

Tipp: Ein Wort mit einem *s*-Laut am Ende, das man nicht verlängern kann, wird immer mit *s* geschrieben, z. B: *niemals, als, was*.

1 a **Schwinge die folgenden Wörter und ordne sie in die Tabelle ein.**
b **Kreuze in den beiden Tabellenspalten unten die jeweils richtigen Aussagen an.**

lesen	heißen	grasen	spaßen	tosen	schießen	kreisen	weisen	
losen	stoßen	reißen	dösen	gießen	fließen	grasen	blasen	spießen

Wörter mit *s*	Wörter mit *ß*
______________________	______________________
______________________	______________________
______________________	______________________
______________________	______________________
______________________	______________________
☐ Die erste Silbe ist offen.	☐ Die erste Silbe ist offen.
☐ Die erste Silbe ist geschlossen.	☐ Die erste Silbe ist geschlossen.
☐ Das *s* spricht man summend (stimmhaft).	☐ Das *ß* spricht man summend (stimmhaft).
☐ Das *s* spricht man zischend (stimmlos).	☐ Das *ß* spricht man zischend (stimmlos).

2 **Bilde Sätze, in denen das angegebene Verb (▸ S. 50) als Einsilber verwendet wird, z. B.:**

lesen – Er liest ein Buch.

fließen – ____.

losen – ____.

gießen – ____.

kreisen – ____.

3 **In zusammengesetzten Wörtern wird die Schreibweise *s* oder *ß* beibehalten. Zerlege die folgenden Wörter wie im Beispiel:**

der Spaß|vogel – denn: spaßen *der Gras|fleck – denn: die Gräser*

der Fußabdruck – denn: ______________________

das Spaßbad – denn: ______________________

der Reißwolf – denn: ______________________

die Glasscherbe – denn: ______________________

das Schweißband – denn: ______________________

die Kreisläufer – denn: ______________________

4 **Setze ein: *s* oder *ß*? Notiere das Beweiswort.**

die Gie____kanne – denn: ______________________

das Ma____band – denn: ______________________

das Hä____chen – denn: ______________________

das Glä____chen – denn: ______________________

die Sto____richtung – denn: ______________________

das Fu____gelenk – denn: ______________________

die Flie____richtung – denn: ______________________

das Lo____glück – denn: ______________________

5 **a** **Im folgenden Wortgitter findest du waagerecht 13 Wörter, die man am Ende mit *s* schreibt. Umrahme diese Wörter.**

A	B	C	D	E	F	G	H	I	J	K
I	P	A	U	S	F	A	L	L	S	T
Y	Ä	E	S	Ö	T	B	Y	B	Z	Z
A	M	A	Z	O	N	A	S	E	C	O
M	A	I	S	A	B	I	C	Ö	Ä	T
I	R	G	E	N	D	W	A	S	B	F
N	I	E	M	A	L	S	X	J	O	Ä
H	B	I	S	V	A	N	D	E	R	S
Ö	R	A	L	L	E	S	Q	A	C	T
A	L	S	D	A	S	T	A	V	Z	X
W	T	E	T	W	A	S	N	W	Q	F
I	B	F	Ä	K	M	T	S	H	Y	H

b **Begründe, warum sie alle mit *s* geschrieben werden, obwohl man sie zischend spricht.**

____

____

Doppel-*s* oder *ß*? – Achte auf die erste Silbe

Information **Wörter mit *ss* oder *ß***

In der **zweisilbigen Form** kann man *ss* und *ß* gut unterscheiden, obwohl die *s*-Laute gleich klingen.

- Man schreibt ***ss***, wenn **die erste Silbe geschlossen** ist und die **zweite Silbe nicht mit einem anderen Konsonanten beginnt**, z. B.: *die Tas se*, nicht aber: *die Tas **te***.
- Man schreibt ***ß***, wenn die **erste Silbe offen** ist, z. B.: *die Flö ße*.

Tipp: Verlängere Einsilber und **zerlege zusammengesetzte Wörter**, wenn du sicher sein willst.

1 a Schwinge die Wörter. Markiere jeweils die erste Silbe: grün für offen und orange für geschlossen.

die Grüße die Bisse außen passen die Risse reißen draußen wissen Soße

b Sortiere die Wörter in die Tabelle. Kreuze die richtigen Aussagen an.

Wörter mit *ss*	Wörter mit *ß*
______	______
______	______
______	______
☐ Die erste Silbe ist offen.	☐ Die erste Silbe ist offen.
☐ Die erste Silbe ist geschlossen.	☐ Die erste Silbe ist geschlossen.
☐ Das *ss* spricht man zischend (stimmlos).	☐ Das *ß* spricht man zischend (stimmlos).
☐ Das *ss* spricht man summend (stimmhaft).	☐ Das *ß* spricht man summend (stimmhaft).

2 Beweise die Schreibweise. Verlängere die folgenden Wörter:

der Gruß – denn: ______

der Stoß – denn: ______

der Riss – denn: die ______

der Kuss – denn: ______

das Schloss – denn: ______

der Genuss – denn: die ______

3 Trage richtig ein: *ß* oder *ss*?

Fischer, die mit Flö____en auf Flü____en fahren, sind fischende Flu____flo____fahrer.

Flü____e, in denen Flo____fischer fischen können, sind Flo____flu____flü____e.

Fische, die die Flo____fahrer in den Flü____en fischen, sind keine Flo____fische, sondern Flo____flu____fische.

Doppel-*s* und *ß* in einer Wortfamilie – 1. Silbe offen oder geschlossen?

Information **Wörter mit *ss* und *ß* in einer Wortfamilie**

Es gibt Wörter aus einer Familie, die mal mit *ss* und mal mit *ß* geschrieben werden.

- Man schreibt ***ss***, wenn die **erste Silbe** geschlossen ist, z. B.: *die Güs se.*
- Man schreibt ***ß***, wenn die **erste Silbe** offen ist, z. B.: *gie ßen.*

Tipp: Verlängere Einsilber und **zerlege zusammengesetzte Wörter**, wenn du sicher sein willst.

1 **Schwinge die Wörter.**
Markiere den letzten Buchstaben der ersten Silbe und kreuze die richtigen Antworten an.

Wörter mit *ss*	Wörter mit *ß*
die Schüsse die Schlüsse die Risse die Bisse messen	schießen schließen reißen beißen die Maße
☐ Die erste Silbe ist offen. ☐ Die erste Silbe ist geschlossen. ☐ Man spricht das *ss* zischend (stimmlos). ☐ Man spricht *ss* summend (stimmhaft).	☐ Die erste Silbe ist offen. ☐ Die erste Silbe ist geschlossen. ☐ Man spricht das *ß* zischend (stimmlos). ☐ Man spricht *ß* summend (stimmhaft).

2 **Verben in verschiedenen Zeiten (▸ S. 53–61): Verlängere die Verben und du weißt, wie sie geschrieben werden. Übertrage dazu die Tabelle in dein Heft und ergänze sie.**

	Gegenwart (Präsens)	Vergangenheit (Präteritum)
gießen	Er gießt die Blumen. – denn: wir gießen	Er goss die Blumen. – denn: wir ...
schließen	Er ... die Tür. – denn: wir ...	Sie ... die Tür. – denn: wir ...
fließen	Der Fluss ... langsam. – denn: wir ...	Er ... langsam. – denn: wir ...
beißen	Er ... in das Brötchen. – denn: wir ...	Er ... in das Brötchen. – denn: wir ...
zerreißen	Er zer... das Papier. – denn: wir ...	Er zer... das Papier. – denn: wir ...

3 **a** **Setze ein: *ss* oder *ß*?**
b **Markiere die 5 Stellen, mit dem Verlängerungszeichen, an denen du verlängern musst, um die Schreibweise herauszufinden.**

Die Blumen freuen sich über den Wa____ergu____ aus der Gie____kanne.

Bei dem hei____en Wetter genie____en viele Menschen drau____en ein Eis und schlecken es genü____lich.

Die flie____enden Gebirgsflü____e erfrischen beim Wandern, wenn man die Hände darin na____ macht.

Ein schöner Abschlu____ ist ein Grillfest im Garten, mit dem man den Tag gemütlich beschlie____en kann.

Teste dich!

Die *s*-Schreibung

1 **Offen oder geschlossen? Ordne die folgenden Wörter nach ihrer ersten Silbe.**
Tipp: In der zweiten Zeile musst du die Wörter verlängern.

PUNKTE

die Kleider die Hosen die Röcke die Schuhe die Brille die Bluse die Mütze
der Kopf der Fuß der Arm der Zeh der Mund die Hand der Hals

Erste Silbe offen	Erste Silbe geschlossen
___	___
___	___
___	___

2 **Kreuze die drei richtigen Antworten an:**

PUNKTE

- ☐ Wenn die erste Silbe offen ist, stehen an der Silbengrenze ein Vokal und ein Konsonant.
- ☐ Wenn die erste Silbe geschlossen ist, stehen an der Silbengrenze ein Vokal und ein Konsonant.
- ☐ Wenn die erste Silbe geschlossen ist, stehen an der Silbengrenze zwei Konsonanten.
- ☐ Wenn die erste Silbe geschlossen ist, wird der Konsonant verdoppelt, wenn nicht zwei verschiedene Konsonanten an der Silbengrenze stehen.

3 **Setze ein: *s*, *ss* oder *ß*?**

PUNKTE

Ha___elnü___e gehören zu den ge___unden Nahrungsmitteln. Leider haben sie eine harte äu___ere Schale, we___halb man nicht einfach in sie hineinbei___en kann. Gut, dass es den Nu___knacker gibt. Ohne ihn mü___te man sich ziemlich quälen, um an die Nu___ zu kommen: Mit einem Me___er hätte man keine Chance, mit einem Hammer würde man mei___tens am Schlu___ nur Mu___ erzeugen, und dann würde das Nü___eknacken keinen Spa___ machen.

4 **Markiere die 8 Fehler. Korrigiere sie.**

PUNKTE

Im Sommer will meine Mutter, dass ich die Blumen im Garten giese. Beser wäre es, wenn die Kaninchen die Blumen abfresen würden, denn dann bräuchte ich nicht so viel zu wäsern. Weil ich aber zuverläsig bin, mache ich die Blumen ziemlich nas. Und den Füssen tut die Näse bei der Hitze auch gut.

___

___

___

5 **a Kontrolliere deine Lösungen mit Hilfe des Lösungsheftes. Notiere die Punktezahl, die du erreicht hast.**
b Übe erneut die Aufgaben, bei denen du keine oder nur wenige Punkte erzielt hast.

GESAMT

Groß- und Kleinschreibung – Das riesige Riesenrad

Satzanfänge und Nomenproben

Information **Die Großschreibung**

Groß schreibt man **Überschriften**, **Satzanfänge**, **Nomen** und **Namen**.

1 **Im folgenden Text wurde alles kleingeschrieben.**
Lies ihn laut. Kreuze an, wie die fehlende Großschreibung auf dich wirkt:

- ☐ Es ist für mich ungewöhnlich, einen Text in Kleinschreibung zu lesen.
- ☐ Es ist für mich egal, ob der Text nur in Kleinschreibung geschrieben ist.
- ☐ Ich lese lieber einen Text mit Großschreibung, weil ich dann besser weiß, um was es geht.

siobhan dowd

der junge, der sich in luft auflöste

was ich in london am allerliebsten mache, ist mit dem riesenrad zu fahren.

an klaren tagen kann man von dort oben vierzig kilometer weit in jede richtung gucken, weil man im höchsten riesenrad sitzt, das je gebaut wurde. man wird zusammen mit den leuten, die neben einem in der schlange standen, in eine der zweiunddreißig gondeln eingeschlossen, und wenn die türen dann zu sind, ist vom lärm der stadt überhaupt nichts mehr zu hören. langsam steigt man höher. die gondeln sind aus glas und stahl und befinden sich außerhalb des rades. und während sich das rad dreht, bleiben sie mit hilfe der schwerkraft in einer senkrechten position. eine vollständige umdrehung des riesenrads dauert eine halbe stunde.

2 **Markiere im Text alle Satzanfänge. Wie viele hast du gefunden?** ____________________

3 **a** **Diese Nomen kommen in dem Text vor. Schreibe ihren Artikel dazu.**

______ Riesenrad (3 x)	______ Tage	______ Kilometer	______ Leute
______ Schlange	______ Gondeln (2 x)	______ Türen	______ Lärm
______ Stadt	______ Glas	______ Stahl	______ Rad (2 x)
______ Schwerkraft	______ Position	______ Umdrehung	______ Stunde

b **Vor welchen Nomen im Text stehen die Artikel direkt? Umrahme sie.**

c **Unterstreiche im Text die Nomen, die auch von anderen Wörtern begleitet werden. z. B.:** ***mit dem Riesenrad, an …***

d **Kreuze die zutreffende Antwort an:**

- ☐ Nomen kann man daran erkennen, dass sie immer mit ihrem Artikel im Text stehen.
- ☐ Vor Nomen können auch andere Begleiter als der Artikel stehen.

Nomen erkennen – Das riesige Riesenrad (Teil 1)

Methode **Nomen durch Proben erkennen**

- **Artikelprobe:** Vor Nomen stehen Artikel, oder man könnte den Artikel setzen, z. B.: ***das*** *Haus*.
- **Adjektivprobe:** Nomen kann man durch Adjektive genauer beschreiben, z. B.: *das* ***hohe*** *Haus*.
- **Zählprobe:** Nomen kann man zählen, z. B.: ***drei*** *Häuser*, ***viele*** *Häuser*.
- **Endungsprobe:** Nomen können z. B. enden auf: *-heit, -keit, -ung, -nis, -schaft*, z. B.: *Gesund**heit**, Heiter**keit**, Umgeb**ung**, Ereig**nis**, Mann**schaft***.

1 ●○○ **Auch in dem nächsten Auszug aus Siobhan Dowds Roman „Der Junge, der sich in Luft auflöste" wurden viele Wörter fälschlicherweise nicht großgeschrieben.**

VORSICHT FEHLER!

a Entscheide mit Hilfe der Nomenproben, ob die markierten Wörter Nomen sind.
b Setze das Strategiezeichen für Nomen auf das Wort.

„Oben vom höchsten **punkt** aus sieht **london** aus wie eine **spielzeugstadt**", sagt Mum, „und die **autos** unten auf den **straßen** wie **perlen**, die sich hin- und herschieben, innehalten und sich wieder in **bewegung** setzen." Ich finde, **london** sieht aus wie **london**, die **autos** sehen aus wie **autos**, nur eben kleiner.

Am tollsten ist es, von dort oben auf die **themse** zu schauen. Man sieht, wie sie sich windet und schlängelt, aber wenn man unten ist, kommt es einem so vor, als sei sie gerade.

Das **zweitbeste**, was man sich anschauen kann, sind die **speichen** und **drahtseile** des **riesenrads**. Man blickt auf die weltweit einzige freitragende **konstruktion** dieser **art**. Es sieht aus wie das **rad** eines gigantischen **fahrrads**, das in den **himmel** hinaufragt, gehalten von einem riesigen A-förmigen **rahmen**.

2 ●○○ **a Markiere mit Hilfe der Nomenproben, wo die Nomen in der Fortsetzung der Geschichte nicht großgeschrieben wurden.**

VORSICHT FEHLER!

Interessant ist auch, die beiden nachbargondeln zu beobachten. Man sieht fremde leute, die hinausgucken, genau wie man selbst. Die höher hängende gondel wird zur tiefer hängenden gondel und umgekehrt. Man muss die augen schließen, weil einem so ein komisches gefühl die speiseröhre raufkriecht. Und man ist froh, dass die bewegung so sanft und langsam ist. Und schließlich sinkt die eigene gondel und man ist traurig, weil man nicht möchte, dass die fahrt endet. Man möchte am liebsten noch eine runde drehen, aber das ist nicht erlaubt. Also steigt man aus und fühlt sich wie ein astronaut, der gerade aus dem weltall zurückkehrt und ein bisschen leichter ist als vorher.

b Kreise alle Nomen ein, die den bestimmten oder unbestimmten Artikel als Begleiter haben.
Achtung: Artikel sind auch *des, dem, den, der* und *ein, eine, einem …*
c Suche 5 Nomen mit einem Adjektiv als Begleiter und schreibe sie in dein Heft.
d Suche 4 Nomen aus dem Text. Beweise durch die Zählprobe, dass es Nomen sind. Schreibe in dein Heft.

Nomen erkennen – Das riesige Riesenrad (Teil 2)

1 ●●● **Worum geht es in dem folgenden Sachtext? Kreuze an:**

- ☐ In dem Sachtext geht es um die größten Jahrmärkte der Welt.
- ☐ In dem Sachtext geht es um die Beschreibung einer Fahrt in einer Riesenradgondel.
- ☐ In dem Sachtext geht es um amerikanische Riesenräder.
- ☐ In dem Sachtext geht es um die Größe und das Aussehen von Londons Riesenrad.

London Eye – Das riesige Riesenrad in der Hauptstadt Englands

Das Riesenrad „London Eye“ ist die Touristenattraktion in London. Nicht nur die Aussicht über die Stadt macht den Reiz einer Fahrt aus, sondern auch die Fahrt an sich wird zu einem Erlebnis. Natürlich ist das London Eye kein Riesenrad, wie man es von einem Jahrmarkt kennt. Nicht nur in der Größe übertrumpft es alle Kirmes-Anlagen, sondern vor allem die Ausstattung macht den Unterschied. 32 Gondeln, fast vollständig aus Glas geformt, bieten je Platz für bis zu 25 Personen. Vollklimatisiert bieten sie den höchsten Komfort und bewegen sich mit 0,26 Metern in der Sekunde um die Achse. Das Riesenrad hält bis auf wenige Ausnahmen nie an und der Ein- und Ausstieg erfolgt während der Fahrt.

Der Kampf der Superlative macht auch vor Riesenrädern nicht halt. Bis 2009 war das London Eye mit seinen 135 Metern Höhe das höchste Riesenrad der Welt. Doch asiatische Länder nahmen den Kampf auf, übertrumpften sich gegenseitig und so steht heute in Singapur mit 160 Metern das höchste Exemplar der Welt!

1 ●●●

a **Du findest in Text und Überschrift 25 Nomen, die von ihrem Artikel begleitet werden. Umkreise sie.**
Achtung: Artikel sind auch *des, dem, den, der* und *ein, eine, einem ...*

b **Weitere 8 Nomen werden von einer Zahl oder einem Zahlwort (Numeral) begleitet. Markiere diese Nomen.**

c **Im Text werden 5 Nomen von einem Adjektiv begleitet. Unterstreiche diese Nomen und notiere sie zusammen mit dem Adjektiv.**

d **Beweise mit Hilfe der Nomenproben (▸ S. 103), dass es sich bei den 6 übrigen Nomen um Nomen handelt.**

Nomenendungen

Methode **Nomen an Bausteinen/Endungen erkennen**

- **Endungsprobe:** Nomen können insbesondere enden auf ***-heit***, ***-keit***, ***-ung***, ***-nis***, ***-schaft***, ***-tum***, z. B.: *Gesund**heit***, *Heiter**keit***, *Umgeb**ung***, *Ereig**nis***, *Bekannt**schaft***, *Reich**tum***.

1 **Wörter mit diesen Endungen sind immer Nomen: *-ung, -heit, -keit.***
Orientiere dich an der Methode und bilde mit Hilfe der drei Wörterpakete Nomen.

-ung	-heit	-keit

2 **a** **Unterstreiche in den folgenden Sätzen die Nomen, die fälschlicherweise kleingeschrieben wurden.**
b **Umrahme die Nomen, die eine typische Nomenendung haben.**
c **Berichtige die Sätze.**

Wenn man für etwas bezahlt wird, schreibt man eine rechnung.

Die witze der schüler sorgen nicht immer für heiterkeit bei den lehrern.

Freunde sollten für offenheit und unterstützung sorgen und die gemeinheit in der gemeinschaft vermeiden.

3 **a** **Formuliere eigene Sätze mit Nomen, die eine der drei typischen Endungen haben.**
b **Umrahme die typischen Endungen.**

4 **Wörter mit diesen Endungen sind immer Nomen:** ***-nis, -schaft, -tum.***
Orientiere dich an der Methode (▶ S. 105) und bilde mit Hilfe der drei Wörterpakete Nomen.

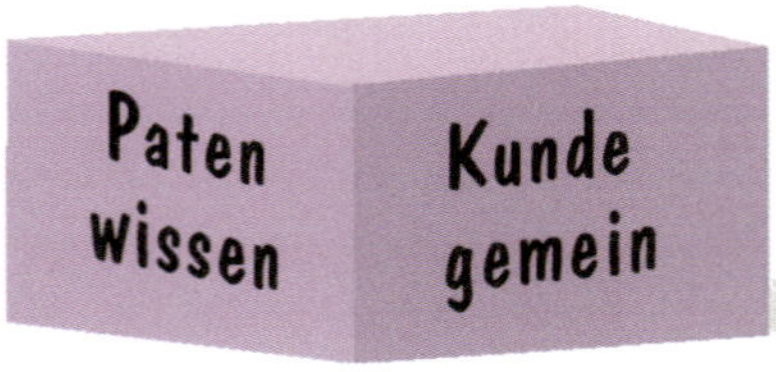

-nis	-schaft	-tum

5 **Im Wortgitter findest du 11-mal waagerecht und 1-mal senkrecht 12 Nomen mit einer typischen Nomenendung. Markiere sie und notiere sie neben das Wortgitter.**

I	Q	V	V	I	P	O	R	E	I	C	H	T	U	M
M	S	C	H	U	S	S	E	L	I	G	K	E	I	T
G	Ö	Y	T	A	W	K	L	U	G	H	E	I	T	W
K	G	D	D	U	M	M	H	E	I	T	W	W	E	Q
G	E	S	C	H	W	I	N	D	I	G	K	E	I	T
Q	N	A	U	S	G	R	A	B	U	N	G	J	G	N
V	L	V	E	R	E	I	G	N	I	S	B	E	E	W
Ä	E	R	G	E	B	N	I	S	J	X	X	H	N	E
G	E	F	A	N	G	E	N	S	C	H	A	F	T	J
F	R	E	U	N	D	S	C	H	A	F	T	L	U	K
F	Ö	R	D	E	R	U	N	G	S	N	F	V	M	A

6 **a** **Markiere in den folgenden Sätzen die Nomen und umrahme typische Nomenendungen.**
b **Berichtige die Sätze.**

Die fußballmannschaften hatten bei der dunkelheit große schwierigkeiten, das tor zu treffen.

Wenn es zeugnisse gibt, endet in vielen familien die heiterkeit am mittagstisch.

Der besuch beim zahnarzt erfordert große überredung durch die eltern, aber auch tapferkeit beim kind.

Teste dich!

Groß- oder Kleinschreibung?

1 Finde die Wörter in der Wörterschlange. Schreibe sie mit ihrem Artikel in dein Heft.

PUNKTE

ANWALTBAUERNCOMPUTERDOPPELNAMEELEFANTFEDERGARTENHILFEINDUSTRIEJUGEND

KOJOTELIMONADEMITTERNACHTOKTOBERPOLIZEIQUARKREISESCHLARAFFENLAND

2 Kreuze an, welche der folgenden Wörter Nomen sind. Schreibe als Beweis einen Begleiter dazu.

PUNKTE

☐ ________ gold	☐ ________ golf	☐ ________ gondel	☐ ________ golden
☐ ________ hirn	☐ ________ hirsch	☐ ________ hirte	☐ ________ hitze
☐ ________ klein	☐ ________ kleidung	☐ ________ kleinarbeit	☐ ________ katze
☐ ________ klima	☐ ________ klingel	☐ ________ klinisch	☐ ________ klinik

3 In dem folgenden Text wurden fälschlicherweise die Nomen kleingeschrieben. Wende eine der Nomenproben an, markiere die Nomen und schreibe sie mit dem Beweiswort richtig auf.

PUNKTE

Ob im wasser, hoch in den bergen, im eis oder in der wüste: überall auf der erde leben tiere. Und natürlich

____

bekommen sie auch babys. Das geschieht auf sehr unterschiedliche weise. Manche tiere schlüpfen aus eiern, wie

____

etwa vögel, krokodile, pinguine oder schlangen. Andere wachsen im bauch ihrer mütter heran wie die kinder von

____

elefanten, giraffen, hunden und katzen. Auch wenn sie dann geboren sind, geht es unterschiedlich weiter. Manche

____

tierbabys sind noch lange abhängig von ihren eltern. Dazu gehören bärenkinder. Sie sind so genannte nesthocker.

____

Sie verstecken sich einige monate mit ihrer mama in der bärenhöhle, bevor sie die welt erkunden.

____

Zebras laufen sofort auf ihren wackligen beinen los und können mit der herde mitlaufen. Sie sind nestflüchter.

____

4 a Kontrolliere deine Lösungen mit Hilfe des Lösungsheftes. Notiere die Punktezahl, die du erreicht hast.
b Übe erneut die Aufgaben, bei denen du keine oder nur wenige Punkte erzielt hast.

GESAMT

Ich teste meinen Lernstand

Mit den folgenden Tests kannst du feststellen, wie erfolgreich du im Fach Deutsch gelernt hast.
Du kannst mit den Tests prüfen,

- wie gut du **Sachtexte lesen und verstehen** kannst (Test A),
- wie geschickt du **in einem eigenen Text deine Meinung begründen** kannst (Test B),
- wie sicher du in der **Grammatik** bist (Test C),
- wie sicher du in der **Rechtschreibung** bist (Test D).

Wenn du wissen willst, was du im Fach Deutsch gelernt hast, kannst du alle Tests am Ende des Schuljahres bearbeiten. Aber auch während des Schuljahres kannst du prüfen, in welchen Bereichen du weiterüben musst. Plane feste Zeiten ein, um einen Test zu bearbeiten. Lies die Aufgaben genau, arbeite ruhig und gründlich. Zum Schluss kannst du deine Lösungen mit Hilfe des Lösungsheftes selbst kontrollieren, deine Punktzahl berechnen und deine Fähigkeiten bewerten.

Test A – Sachtexte lesen und verstehen

Tilmann P. Gangloff

Ein Leben ohne Fernseher?

In Amerika wurden Kinder vor einiger Zeit gefragt, was sie auf eine einsame Insel mitnehmen würden: ihre Eltern oder einen Fernseher? Die Mehrheit hätte eher auf ihre Erzeuger als auf beliebte Fernsehhelden wie „SpongeBob Schwammkopf“ oder „Die Simpsons“ verzichtet. Das Fernsehen ist gerade für Kinder immer noch die Nummer eins. Doch die Zahl der Menschen, die das Gerät aus ihrer Wohnung verbannen, wächst. [...]

Zu ihnen gehört Familie Haller. Das Ehepaar hatte die Nase voll vom Fernsehen, als Aufnahmen des ersten Golfkriegs über die Bildschirme flimmerten: „Wir hatten einfach keine Lust, dass die Bomben auf Bagdad quasi live in unserem Wohnzimmer landeten“, erinnert sich Maren Haller. Das Gerät kam in eine Rumpelkammer. [...]

Mittlerweile gibt es allerdings Haushaltsmitglieder, die diese fernsehfeindliche Haltung doof finden: Sohn Markus (15) bedauert, nicht mitreden zu können, wenn sich seine Freunde über Sendungen wie „Germany’s Next Topmodel“ oder „Deutschland sucht den Superstar“ unterhalten. Die beiden Castingshows sind Gesprächsthema unter Jugendlichen. Gleiches gilt für Sportereignisse.

Mutter Maren versteht das vielleicht besser, als Markus glaubt, denn sie ist ebenfalls ohne Fernsehen aufgewachsen und hatte einst das gleiche Problem: „Natürlich ist das manchmal blöd. Aber davon geht die Welt nicht unter.“ Beide Eltern sind der Meinung, gerade für Kinder biete das Programm vor allem Qualitätsloses; ganz abgesehen von Sendungen, die nicht für sie bestimmt sind. Markus weiß das auch. Natürlich sehen er und sein jüngerer Bruder immer wieder mal bei Freunden fern: „Klar gibt’s eine Menge Müll. Aber manchmal laufen auch richtig gute Filme.“ Die Gegenargumente kennt er auswendig: „Meine Mutter fürchtet, wir würden den ganzen Tag vor der Glotze hocken und irgendwann verblöden.“

[...] Dabei sei es doch viel wichtiger, findet Markus, „in welcher Umgebung man aufwächst.“ Seine Mutter sieht das anders. Sie geht davon aus, dass sich Bilder im Gedächtnis viel stärker einprägen als Texte: „Natürlich sind Märchen auch grausam, aber die Bilder, mit denen man sie zum Beispiel beim Vorlesen unwillkürlich illustriert, stammen aus der eigenen Fantasie. Die Gewalt im Fernsehen oder in Computerspielen kann diese Vorstellungskraft aber bei Weitem übersteigen, und man kann sich ihnen nicht entziehen, weil man Bilder im Gegensatz zu Texten immer versteht.“ Das Ehepaar ist überzeugt, dass die Söhne dank einer Kindheit ohne Fernsehen gelernt hätten, ihre Freizeit aktiver zu gestalten.

Medienwissenschaftler betrachten diese Haltung dennoch kritisch: Natürlich kann man ein Leben ohne Fernsehen führen. Eltern muss aber klar sein, dass ihre Kinder dem Fernseher früher oder später zwangsläufig begegnen werden. Und wenn die Kinder nicht gelernt haben, damit umzugehen, sind sie überfordert.

1 **Worum geht es in dem Text „Ein Leben ohne Fernseher"? Markiere die eine richtige Antwort.** ***In dem Text geht es um ...***

PUNKTE

A die Auswirkungen von Computerspielen auf Jugendliche.
B Argumente für und gegen das Fernsehen.
C Neuigkeiten im Fernsehen.
D beliebte Fernsehsendungen.

2 **Ordne den markierten Wörtern im Text die richtigen Erklärungen zu. Verbinde sie.**

PUNKTE

Im Text steht	Erklärung
1 Qualitätsloses	a unbeabsichtigt, von alleine
2 illustrieren	b ohne Wert
3 unwillkürlich	c bebildern, mit Bildern versehen

3 **Der Text hat sechs Abschnitte. Nummeriere sie und ordne die Nummern den folgenden Zwischenüberschriften richtig zu:**

PUNKTE

☐ Fernsehen auf Platz 1 für Kinder
☐ Bei manchen Themen kann man nicht mehr mitreden.
☐ Keine Bomben zum Frühstück
☐ Kinder müssen lernen, mit dem Fernsehen umzugehen.
☐ Fernsehbilder setzen sich im Kopf fest.
☐ Ansichten über das Fernsehprogramm

4 **Entscheide, welche der folgenden Aussagen zum Text richtig sind und welche falsch. Kreuze an:**

PUNKTE

	richtig	falsch
A In Amerika würde die Mehrheit der Kinder ihre Eltern lieber mit auf eine einsame Insel nehmen als einen Fernseher.		
B Frau Haller fürchtet, dass ihre Kinder verblöden, wenn sie zu viel Fernsehen gucken.		
C Markus möchte sich mit seinen Freunden über TV-Sendungen austauschen können.		
D Medienwissenschaftler sind für Fernsehverbote für Kinder.		

5 **Welche Absichten werden mit dem Text verfolgt? Streiche die eine falsche Aussage durch.**

PUNKTE

A Mit dem Text werden Vor- und Nachteile des Fernsehens dargestellt.
B Mit dem Text wird für mehr Fernsehen im Kinderzimmer geworben.
C Mit dem Text sollen Meinungen zum Abschaffen von Fernsehgeräten bekannt gemacht werden.
D Mit dem Text soll eine Familie vorgestellt werden, die sich für ein TV-freies Leben entschieden hat.

6 **a** **Prüfe deine Lösungen mit Hilfe des Lösungsheftes (▶ S. 31). Trage die Punkte neben die Aufgaben ein.**
b **Übe erneut die Aufgaben, bei denen du keine oder nur wenige Punkte gemacht hast.**

GESAMT

Test B – Meinungen schriftlich begründen

Was meinst du zum Thema „Ein Leben ohne Fernseher" (► S. 108)?
Wenn du deine Meinung dazu begründest, ist es ratsam zu wissen, was auch andere darüber denken.

1 **Ein Leben ohne Fernseher?**
Welche der im Text (► S. 108) genannten Personen ist dagegen? Welche ist dafür? Kreuze an.

PUNKTE

Ehepaar Haller	dafür	☐	dagegen	☐
Markus und sein jüngerer Bruder	dafür	☐	dagegen	☐
Wissenschaftler	dafür	☐	dagegen	☐

2 **a** **Markiere im Sachtext (► S. 108) Begründungen für und gegen ein Leben ohne den Fernseher. Finde für jede Meinung 4 Begründungen dafür und dagegen.**
b **Trage die Begründungen in die folgende Tabelle ein:**

PUNKTE PUNKTE

Begründungen *gegen* ein Leben ohne Fernseher	Begründungen *für* ein Leben ohne Fernseher

3 **Formuliere deine eigene Meinung und Begründung in einem Satz:**

PUNKTE

Ich bin für/gegen ein Leben ohne Fernseher, weil

4 **Formuliere deine Meinung in ganzen Sätzen. Schreibe in dein Heft.**
Tipp: Nutze deine Vorarbeiten der Aufgaben 1–3.

PUNKTE

5 **a** **Prüfe deine Lösungen mit Hilfe des Lösungsheftes (► S. 31 f.). Trage die Punkte neben die Aufgaben ein.**
b **Übe erneut die Aufgaben, bei denen du keine oder nur wenige Punkte gemacht hast.**

GESAMT

Test C – Grammatik

1 **a** **Jede Zeile des folgenden Textes zum Thema „Fernsehen" enthält ein Nomen. Unterstreiche es.**
Tipp: In einem Satz befinden sich mehrere Nomen.
b **In welchem Fall (Kasus) steht das Nomen jeweils? Notiere am Rand: N (Nominativ), A (Akkusativ), D (Dativ).**
Tipp: Ermittle die Nomen mit W-Fragen. Verwechsle sie dabei nicht mit den Pronomen (z. B. *er*).

PUNKTE
PUNKTE

1 Das Fernsehen wurde 1928 erfunden. ______

2 Bis dahin kannte man noch keine Liveübertragung. ______

3 Paul Nipkow (1860–1940) hatte eine Idee. ______

4 Er erfand eine Drehschreibe. ______

5 Sie zerlegte ein Bild und setzte es anschließend wieder zusammen. ______

6 Dies stellte er seinen Mitarbeitern vor. ______

7 Und bis heute sehen wir nach diesem Prinzip fern. ______

2 **a** **Die Sätze 3 und 4 enthalten keine Adjektive. Welches der folgenden Adjektive passt?**
langweilig, genial, lustig, besonders, groß, alt, schnell, unheimlich
b **Schreibe die beiden Sätze neu auf.**

PUNKTE
PUNKTE

______

______

3 **Präsens (Präs.), Perfekt (Perf.) oder Präteritum (Prät.)? Bestimme für jeden Satz die Zeitform.**

PUNKTE

Satz 1: Prät. Satz 2: ____ Satz 3: ____ Satz 4: ____ Satz 5: ____ Satz 6: ____ Satz 7: ____

4 **Ändere die Stellung der Satzglieder in Satz 1 so, dass eine Frage entsteht. Schreibe die Frage ins Heft.**

PUNKTE

5 **a** **Schreibe Satz 6 in einer geänderten Satzgliedstellung auf. Der Sinn des Satzes soll sich nicht verändern.**

b **Unterstreiche die Satzglieder und bestimme sie. Notiere die Bezeichnungen in der Zeile darunter.**

PUNKTE
PUNKTE

______

______

6 **Ergänze im Satz 6 diese Satzglieder: *eines Tages, überraschenderweise*.**
Schreibe den Satz mit den beiden neuen Satzgliedern in dein Heft.

PUNKTE

7 **a** **Prüfe deine Lösungen mit Hilfe des Lösungsheftes (▶ S. 32). Trage die Punkte neben die Aufgaben ein.**
b **Übe erneut die Aufgaben, bei denen du keine oder nur wenige Punkte gemacht hast.**

GESAMT

Test D – Strategiewissen Rechtschreibung

Rechtschreibstrategien

- deutlich in Silben sprechen (schwingen)
- unklare Auslaute verlängern
- zusammengesetzte Wörter zerlegen
- Nomen erkennen

1 **Finde in den beiden ersten Abschnitten des Textes „Ein Leben ohne Fernseher?“ (▶ S. 108) Folgendes:**

PUNKTE

4 Wörter mit 3 Silben, die man schwingen kann: ______________________

____

2 **Finde im Text 2 Wörter, die man zerlegen muss. Beweise die Schreibweise.**

PUNKTE

____

____

3 **Setze an die markierten Stellen neben das Schwingzeichen das Strategiezeichen, das man zusätzlich benötigt, um die Schreibweise zu erklären.**

PUNKTE

Mutter Maren versteht das vielleicht besser, als Markus glaubt, denn sie ist ebenfalls ohne Fernsehen aufgewachsen und hatte einst das gleiche Problem: „Natürlich ist das manchmal blöd. Aber davon geht die Welt nicht unter.“ Beide Eltern sind der Meinung, gerade für Kinder biete das Programm vor allem Qualitätsloses; ganz abgesehen von Sendungen, die nicht für sie bestimmt sind. Markus weiß das auch. Natürlich sehen er und sein jüngerer Bruder immer wieder mal bei Freunden fern: „Klar gibt's eine Menge Müll. Aber manchmal laufen auch richtig gute Filme.“ Die Gegenargumente kennt er auswendig: „Meine Mutter fürchtet, wir würden den ganzen Tag vor der Glotze hocken und irgendwann verblöden.“

4 **Hier sind fälschlicherweise die Nomen kleingeschrieben worden.**
Markiere alle großzuschreibenden Nomen.

PUNKTE

Ebenfalls anlass zu regelmäßigen gesprächen sind die computer der beiden jungen. Eine stunde pro tag dürfen sie am rechner verbringen. „Meine mutter“, beschwert sich markus, „hat an allen spielen etwas auszusetzen. Sie ist überzeugt, die bilder prägen sich unbewusst ein.“ Deshalb dürfen die söhne nur gewaltfreie spiele spielen. Dass sie sich an die altersfreigabe halten müssen, versteht sich von selbst.

5 **a** **Prüfe deine Lösungen mit Hilfe des Lösungsheftes (▶ S. 32). Trage die Punkte neben die Aufgaben ein.**
b **Übe erneut die Strategien, bei denen du nicht alle Aufgaben lösen konntest.**

GESAMT

Schröder

Deutschbuch

Differenzierende Ausgabe

Arbeitsheft 5

Lösungen

Name: ______________________

Klasse: ____________

Cornelsen

Arbeitstechniken

Seite 5

Das Heft gestalten

1 **Weitere Tipps:**
Mit einem Füller schreiben und einen Tintenkiller benutzen.
Nicht zu klein schreiben.
Absätze machen und zwischendurch eine Zeile frei lassen.
Zwischen zwei Hefteinträgen einige Zeilen frei lassen.

2 1 = rot, 2 = grün, 3 = blau, 4 = orange, 5 = lila, 6 = grau

Seite 6

3 a

Checkliste: Heftführung auf dem Prüfstand!	**gut gelungen**	**weniger gelungen**	**noch nicht gelungen**
Die Seite wurde übersichtlich gestaltet.		X	
Der Hefteintrag wurde mit einem Datum versehen.			X
Die Überschrift wurde mit dem Lineal unterstrichen.			X
Es wurde leserlich geschrieben und Fehler wurden ordentlich durchgestrichen und verbessert.		X	
Wichtiges wurde farblich hervorgehoben.			X

b Beim nächsten Hefteintrag musst du darauf achten, dass du die Seite übersichtlicher gestaltest, indem du zum Beispiel Absätze machst, wenn ein neuer Gedanke aufkommt.
Denke auch an ein Datum und schreibe ordentlicher.
Wenn du Fehler machst, streiche sie ordentlicher, also mit einem Lineal, durch.

Sprechen – Schreiben – Zuhören

Seite 7

Erzählen nach Bildern – Leos Abenteuer

1 B Leo, der mit seinen Freunden eine Fahrradtour unternimmt.

2 a

Probleme	**Lösungen**
– Fahrradpanne; Kette geht ab – Invasion der Tiere – Völlig durchnässt sitzen die Freunde in einem Buswartehäuschen.	– Schaden wird von den Freunden gleich behoben – Möglich: Flucht; Aufsuchen eines neuen Picknickortes oder Vertreiben der Insekten – Heimkehr mit dem Bus

b Bild E könnte zum Beispiel aufgefüllt werden durch:
- Es beginnt zu regnen; Wolkenbruch; Abbruch des Picknicks.
- Ein heftiges Gewitter löst die Veranstaltung auf.
- An einem neuen Picknickort (nach Flucht vor den Insekten) „gehen alle baden".

3 **Beispiel** Bushaltestelle: Sie warten, bis es aufhört zu regnen; Laune steigt wieder; Picknick wird fortgesetzt.

Seite 8

4

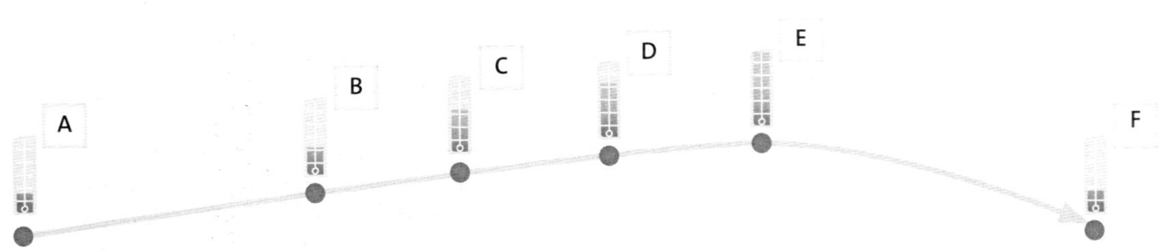

5

Wer spielt in der Geschichte mit?	Wo spielt die Handlung?	Was passiert?
– Leo ist ungefähr 12 Jahre alt. – Der Hund heißt Max. – zwei gleichaltrige Freunde von Leo	– Start: Leos Zuhause	– Fahrräder beladen – Aufbruch zum Ausflug mit Picknick
	– auf einem Feldweg/Waldweg – an einem schönen Platz im Wald/ auf einer Wiese ...	– Leos Fahrradkette springt ab. – Die Freunde picknicken und werden von Insekten aufgesucht; diese machen sich über die Leckereien her ...
	– Buswartehäuschen	– Alle sind nass geworden und stellen sich zum Schutz unter.

6 a + b + c

An einem schönen Sommertag freuten sich Leo und seine Freunde eigentlich auf ein ungestörtes Picknick im Grünen. Frau Laubenberg hatte für die Jungen einen leckeren Kuchen gebacken. Um 11:00 Uhr startete die fröhliche Truppe zu ihrem Ausflug. Leos Hund, Max, sollte unbedingt dabei sein. Schließlich sollte es ganz anders kommen als geplant.

Seite 9

7 **Beispiel:** An einem *heißen* Sommertag freuten sich Leo und seine Freunde auf ein *ungestörtes* und *entspanntes* Picknick im Grünen. Die Satteltaschen der *drei* Fahrräder hatten sie mit *leckeren* Sachen gepackt. Um 11:00 Uhr starteten die *unzertrennlichen/dicken* Freunde. Max, der *treue/freundliche* Labrador, trottete neben den Fahrrädern her. Gerade als sie auf einem *holprigen/steinigen* Feldweg schneller fuhren, sprang ...

8 a Die drei Freunde fuhren durch einen düsteren Wald. Zuerst fuhren sie einen endlos langen Waldweg entlang. Anschließend fuhren sie nach links in einen noch dunkleren und von hohen Tannen begrenzten Pfad. Sie fuhren schließlich auf eine kleine Lichtung im Wald, wo sie anhielten und ihre Picknickdecke ausbreiteten.

b Die drei Freunde durchquerten mit ihren Fahrrädern einen düsteren Wald. Zuerst nahmen sie einen/folgten sie einem endlos langen Waldweg. Anschließend bogen sie nach links in einen noch dunkleren und von hohen Tannen begrenzten Pfad. Sie erreichten schließlich eine kleine Lichtung im Wald, wo sie anhielten und ihre Picknickdecke ausbreiteten.

9 Schon nach kurzer Zeit flogen die ersten Bienen herbei. Zunächst landeten sie auf dem Obst und dem Apfelkuchen. Anschließend knabberten auch schon die ersten Ameisen an den mitgebrachten Leckereien. Dann umsegelte ein Schwarm Hummeln die Klassenkameraden. Schließlich schlug die Freude über das Picknick um in ...

10

Wird die Geschichte spannender?	ja	nein
A „Guck mal, eine Ameise!"		X
B „Oje, die Ameisen fressen meinen Kuchen!"	X	
C „Ich halte es nicht aus! Überall brummen Hummeln und Wespen!"	X	

Seite 10

11 A Die Geschichte klingt aus, bleibt aber noch offen. Wörtliche Rede taucht häufig auf; sehr lebendig...

B Es wird auf den Anfang der Geschichte zurückgegriffen. Ein Erzähler erzählt die Geschichte; keine wörtliche Rede ...

12 a + b **Beispiellösung**

Leos Abenteuer – Picknick mit Hindernissen

An einem strahlenden Sommertag entschieden Leo Laubenberg und seine Freunde, eine Radtour mit einem eigentlich ungestörten und entspannten Picknick im Wald zu unternehmen. Frau Laubenberg hatte für die Jungen einen leckeren Kuchen gebacken. Um 11:00 Uhr startete die fröhliche Truppe zu ihrem Ausflug. Leos Hund Max sollte unbedingt dabei sein. Schließlich sollte es ganz anders kommen als geplant.
Max, der freundliche Labrador, trottete neben den Fahrrädern her. Gerade als sie auf einem holprigen Feldweg schneller fuhren, sprang die lockere Kette von Leos Fahrrad. „Auch das noch!", schimpfte Leo. Schließlich wollte er möglichst schnell an der sonnigen Waldlichtung ankommen. Schnell und geschickt reparierten die Freunde den kleinen Schaden. Die Laune ließen sie sich dadurch nicht vermiesen. „Los, es geht weiter!", rief Leo und trieb sowohl Max als auch seine Freunde zum Aufbruch an. Die drei Freunde durchquerten mit ihren Fahrrädern einen düsteren Wald. Zuerst folgten sie einem endlos langen Waldweg. Anschließend bogen sie nach links in einen noch dunkleren und von hohen Tannen begrenzten Pfad. Sie erreichten schließlich eine kleine Lichtung im Wald, wo sie anhielten und ihre Picknickdecke ausbreiteten. „Super, Leute, wir sind am Ziel!" „Was ist denn alles in dem Picknickkorb?", fragte Linus. Leo packte den Korb aus, Linus verteilte die Leckereien auf der mitgebrachten Decke und die drei Freunde streckten sich entspannt aus. Schon nach kurzer Zeit flogen die ersten Bienen herbei. Zunächst landeten sie auf dem Obst und dem Apfelkuchen. Anschließend knabberten auch schon die ersten Ameisen an den mitgebrachten Leckereien. „Oje, die Ameisen fressen meinen Kuchen!", schrie Linus. Dann

umsegelte ein Schwarm dicker Hummeln die Klassenkameraden. „Ich halte es nicht aus! Überall brummen Hummeln und Wespen!", stöhnte Leo. Schließlich schlug die Freude über das Picknick um in Ärger und Enttäuschung. Rasch packten sie ihre Sachen zusammen und machten sich auf, einen neuen Platz zu suchen, wo sie ungestört picknicken konnten. Zu allem Ärger hatte sich inzwischen der Himmel zugezogen und ein heftiger Platzregen setzte ein. „Was machen wir jetzt?", rief Leo. Linus hatte einen Vorschlag: „Gleich da vorne an der Landstraße ist ein Buswartehäuschen. Da können wir uns unterstellen und überlegen, was wir machen." Kurz darauf saßen die drei Freunde klatschnass, aber sicher vor dem Regen im Wartehäuschen.

Max schüttelte sich immer wieder, um sein Fell wenigstens ein wenig zu trocknen. Einer der Freunde saß mit hängenden Schultern und völlig nassen Haaren auf der Bank. Leo schaute ungeduldig auf den Fahrplan. Der nächste Bus ging erst zwei Stunden später. Betrübt ließ er sich im Wartehäuschen nieder. Der morgens so verheißungsvolle Ausflug war somit vollständig ins Wasser gefallen.

Seite 11

1 a + b + c

Lesefieberkurve	Antworten auf W-Fragen		Bild
Einleitung	Wer? Wo? Wann? Was?	Leo, ungefähr 11/12 Jahre alt; Hobby: Fliegerei Max, Leos Hund am Fußende des Bettes zu Hause; in seinem Zimmer abends beide gehen zu Bett	C
Hauptteil	Was geschieht? Worin besteht die größte Gefahr?	Leo träumt/er als Pilot in einem Jet/zufrieden/mutig/strahlend/stolz im Cockpit Dunkle Wolken/Gewitter/Probleme/Flieger im Sturzflug/erschrecktes Gesicht von Leo/was tun? (Höhepunkt der Geschichte)	B D
Schluss	Was ist passiert? Warum?	Leo liegt verschwitzt/verdutzt auf dem Boden vor seinem Bett ... Max hat ihn aus dem Bett geschubst/„Sturzflug" endet auf dem Bettvorleger ... alles nur ein Traum!	A

Seite 12

2

a 1 Gestern war es mal wieder ziemlich spät geworden, weil ich noch ganz lange an einem Flugzeugmodell gebastelt hatte. Mein Traum ist es, Pilot zu werden. Kurz vor dem Einschlafen merkte ich, wie Max ins Bett sprang und es sich am Fußende bequem machte.

b 2 Kurz nachdem ich eingeschlafen war, träumte ich, im Cockpit eines Jumbojets zu sitzen. Viele Passagiere waren im Flugzeug und ich brachte sie gerade von Frankfurt nach New York. Der Flug verlief zunächst ruhig und ohne Störfälle. Ich machte eine Durchsage an die Fluggäste und gab die neuesten Wettermeldungen durch.

c 3 Kurz darauf rief ich nach der Stewardess. Nach einer Weile brachte sie mir einen heißen Tee. Etwas später stürzte mir der Becher über die Anzeigetafel. Sofort spielten die Instrumentenanzeigen verrückt und ich war schließlich ratlos, was ich tun sollte. Daraufhin griff mein Co-Pilot zu einem Taschentuch und trocknete ganz schnell den verschütteten Tee und endlich funktionierten alle Anzeigen wieder korrekt.

d 4 Abgelenkt von der Aufregung im Cockpit, bemerkte ich erst in diesem Moment die bedrohliche/schwarze/riesige Gewitterwand direkt vor meinem Cockpitfenster. Sekunden später befanden wir uns schon mitten im schrecklichen Unwetter. Wie aus dem Nichts schlugen grelle Blitze auf den Flieger. Unter den Passagieren herrschte entsetzliche/grässliche Angst. Plötzlich verlor das sonst so verlässliche Flugzeug an Höhe und wir befanden uns in einem steilen/gefährlichen Sturzflug.

e 5 Kurz vor dem Aufprall wurde ich zum Glück wach und ich lag auf dem Bettvorleger. Ich war aus dem Bett gefallen. Mein Hund Max nahm das ganze Bett ein. Er hatte mich aus dem Bett geschubst. Mein „Sturzflug" endete auf dem Bettvorleger und ich stellte mit Freude fest, dass alles zum Glück nur ein Traum war!

Seite 13

1 In der Bildergeschichte geht es um die kleine Lena, Leos Schwester, die in den Keller geht, um eine Kasperlepuppe zu holen. Ihr Bruder Leo folgt ihr und spielt ihr einen Streich.

2 **Informationen über die Hauptfiguren und ihr Handeln**

Lena	Leo
Was hat Lena vor? Lena geht in den Keller, um sich ihre Kasperlepuppe zu holen.	**Was hat Leo vor?** Leo folgt seiner kleinen Schwester in den Keller, um sie dort zu erschrecken.

Welche Probleme hat Lena im Keller?
Alles ist durcheinander; sie muss suchen; wenig Licht; Leo erschreckt Lena durch das Schattenbild einer Monsterpuppe.

Wie fühlt sie sich im Keller?
Zunächst unsicher und etwas ängstlich; erschrickt in dem Augenblick, als sie das Schattenbild sieht.

Wie gelingt es Leo, seine Schwester zu erschrecken?
Er hält eine Monsterpuppe in den Lichtschein, sodass ein großes Schattenbild entsteht.

Wie erlebt er die Situation im Keller?
Leo fühlt sich sicher und überlegen; Schadenfreude über sein Vorhaben.

3 **Weitere Ideen für ein mögliches Ende der Geschichte:**
A Lena erkennt den Streich ihres Bruders und „spielt mit“.
B Lena schreit und läuft weg.
C Die Mutter kommt, angelockt durch den Lärm, in den Keller und schlichtet den Streit.

Seite 14

4 a

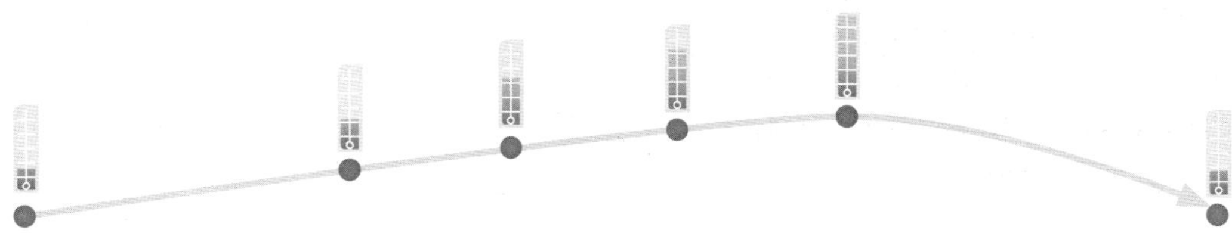

Stichwörter:

Lena geht in Keller.	Lena sucht Kasperlepuppe.	schräger Lichtfall mit riesigem Schattenbild	Lena erkennt Leo.	Schluss, z. B.: Die Mutter kommt in den Keller und schlichtet den Streit.

b **Mögliches Geschehen zwischen den Bildern:**
- Lena beginnt ein kleines Puppenspiel, bevor Leo eingreift.
- Lena hat ihren Bruder bemerkt, bevor er loslegt, und sie spielt ihm einen Streich.

5 **Die ganze Geschichte aus der Sicht von Leo:**

Einleitung
Als meine kleine Schwester Lena gestern Abend in den Keller ging, um ihre Kasperlepuppe zu suchen, folgte ich ihr heimlich, weil ich ihr einen Streich spielen wollte. Bis dahin hatte Lena keine Angst davor, in den Keller zu gehen. An diesem Abend ahnte sie noch nicht, dass dies auch anders werden konnte.
Hauptteil
Lena befand sich auf der Kellertreppe. Ich folgte ihr ganz leise. Das schwache Licht der Glühbirne über den steilen Stufen erleuchtete nur einen kleinen Teil des Kellerraums. „Welch ein schreckliches Durcheinander“, hörte ich sie schimpfen. Ganz vorsichtig und auf leisen Sohlen folgte ich ihr unauffällig.
Zuerst suchte Lena in verschiedenen Kisten, die im unaufgeräumten Keller standen. Hastig durchwühlte sie zuerst eine alte Truhe, die voller abgelegter Klamotten war. Dann kramte sie in einem Korb, der nur Spielsachen, Stofftiere und Puppen enthielt. Schließlich stieß sie auf einen Umzugskarton, in dem sich die Handpuppen des Puppentheaters befanden.
„Hilfe!“, schrie Lena plötzlich. Ein riesiges Monster erschien auf einmal an der Kellerwand. Wie auf der Geisterbahn begann ich, Geräusche zu machen. Lena erstarrte in dem Moment und das Herz schien ihr in die Hose gerutscht zu sein. Ich freute mich, meine Schwester so zu sehen. Was würde sie jetzt wohl tun? Schnell hatte sie aber meinen Trick mit der Taschenlampe und der Monsterhandpuppe durchschaut. „Na, warte, wenn ich dich erwische! Das sage ich Mama und du wirst sehen, was du davon hast, mir einen solchen Schrecken einzujagen“, meckerte Lena. „Lass doch deinen Kasperle gegen mein Monster antreten“, schlug ich vor. „Hör auf mit dem Blödsinn!“, rief Lena, „sonst nehme ich mir die Pritsche vom Kasperle und versohle dir damit den Hintern.“
Schluss
Angelockt von unserem Geschrei im Keller kam unsere Mutter und wollte wissen, was wir dort anstellten. Lena beschwerte sich natürlich lautstark und Mutter schickte mich sofort auf mein Zimmer. Von da an machte Lena nicht nur das Licht an, wenn sie in den Keller hinabstieg, sondern vergewisserte sich jedes Mal, dass ihr niemand folgte.

Seite 15

Ein Tier beschreiben

1 a Familie Römer will ein Zwergkaninchen vermitteln.
b Familie Römer schreibt eine E-Mail an das Tierheim, weil sie nach Australien gehen will und für Murkel ein neues Zuhause sucht, da sie das Zwergkaninchen nicht mitnehmen kann.

2 **Folgende Worterklärungen passen zu den Begriffen:**
Löffel – anderes Wort für Ohren
Läufe – Bezeichnung für Beine und Pfoten
Heu – getrocknetes Gras
Blume – Schwanz

Seite 16

3 a

Fragen:	**Informationen zu:**
Wie heißt das Tier?	Name (rot)
Was für ein Tier ist es?	Rasse, Art (gelb)
Was frisst das Tier?	Futter (orangefarben)
Wie muss man das Tier halten?	Haltung (violett)
Wodurch zeichnet sich das Tier besonders aus?	besondere Kennzeichen (grau)
Wie alt ist es?	Alter (blau)
Wie sieht das Tier aus?	Größe, Fell, Beine und Pfoten, Schwanz, Augen, Ohren (grün)

b

Liebe Mitarbeiter des Tierheims,

weil wir für ein paar Jahre ins Ausland gehen, suchen wir für unser Zwergkaninchen (gelb) „Murkel" (rot) ein neues Zuhause.

Murkel (rot) ist ein Jahr (blau) alt. Er ist recht klein (25 cm lang) und hat einen kompakten Körperbau (grün). Auf dem molligen Körper sitzt ein ovaler Kopf mit schwarzen Knopfaugen (grün). Murkel kann seine Löffel (grün) in alle Richtungen drehen, sodass er alles mitkriegt, was um ihn herum passiert (grau). Sein graues Fell ist weich und flauschig (grün). Er hat eine kleine Blume (grün) (Stummelschwanz). Mit seinen vier kurzen Läufen (grün) wird Murkel (rot) bestimmt neugierig sein neues Zuhause erobern (grau). Er frisst sehr gerne frisches Heu, Obst und Gemüse (orangefarben). Einen Kaninchenkäfig können wir Murkels Gastfamilie mitgeben (violett).
Gern marschiert er durch die Wohnung. Man muss etwas aufpassen, dass er nichts anknabbert (violett). Murkel (rot) ist ganz lieb und macht kaum Arbeit. Er ist verschmust (grau) und es tut uns sehr leid, dass wir ihn nicht mit nach Australien nehmen können.

Wir hoffen sehr, über das Tierheim ein nettes und freundliches neues Heim für Murkel (rot) zu finden.

PS: Ich hänge Ihnen ein Foto von Murkel an (grün).

c **Steckbrief**
Name: Murkel
Rasse: Zwergkaninchen
Futter: frisches Heu, Obst und Gemüse
Haltung: Kaninchenkäfig
Aussehen: kompakt, pechschwarz
Größe: 25 cm lang
Fell: weich und flauschig
Beine und Pfoten: kurze Läufe
Ohren: kurze Löffel
Besondere Kennzeichen: verschmust, lieb, neugierig
Art: hasenartiges Tier
Alter: 1 Jahr
Kopf: oval
Farbe: grau
Schwanz: kleiner Stummelschwanz
Augen: schwarze Knopfaugen

Seite 17

1 **Mögliche Beschriftungen:**
die Löffel: drehbar, aufrecht; die Stirn: lang; die Augen: groß, rund; die Nase: klein, kurz; das Maul: klein; die Tasthaare: lang, gerade, dünn; das Fell: dunkelgrau, dicht, voll, plüschig, wollig, weich, flauschig; die Wange: voll, weich; die Blume: kurz; die Läufe: kurz

2 a Sandras Eltern können sich das Tier vermutlich nicht gut vorstellen, da Sandras Angaben viel zu ungenau sind.
b Auf der Website des Tierheims habe ich ein wunderschönes Zwergkaninchen gefunden. Sein Fell fühlt sich bestimmt ganz weich an und es schimmert ganz schwarz. Besonders die Augen leuchten. Seine Löffel können sich in alle Richtungen drehen. Das Kaninchen ist mittelgroß und nicht sehr lang. Murkel heißt es und es verliert bald sein Herrchen und sein Frauchen.

Seite 18

1 b + c

Informationen über Arax	**Suchanzeige**
Nr. 5 Die Füße sind grau und haben schwarze Krallen.	Papagei „Arax" entflogen!

Nr. 2 Er hat ein graues Gefieder und ist ungefähr 30 cm groß.	Seit Donnerstag (15.02.2012) vermisse ich mein Haustier.
Nr. 1 Mein Papagei ist ein Jahr alt und hört auf den Namen Arax.	Mein Papagei ist ein Jahr alt und hört auf den Namen Arax. Er hat ein graues Gefieder und ist ungefähr 30 cm groß. Arax' Kopffedern sind hellgrau und der Schnabel ist schwarz. Besonders auffällig sind die roten Schwanzfedern. Die Füße sind grau und haben schwarze Krallen.
Nr. 4 Besonders auffällig sind die roten Schwanzfedern.	Bitte melden Sie sich bei: ...
Nr. 3 Arax' Kopffedern sind hellgrau und der Schnabel ist schwarz.	Bachstraße 46 Bonn Tel.: ...
Nr. 6 Bitte melden Sie sich bei: ..., Bachstraße 46, Bonn, Tel.: ...	

Seite 19

Vorgänge beschreiben

1 a **Material:** ein Streichholz, ein Stück Schnur, einen Tischtennisball, einen kleinen Handbohrer, Klebeband, eine Schere, einen Stock

b **Mögliche Notizen:** 1. Streichholz durchbrechen. 2. Schnur an dem längeren Stück Streichholz festbinden. 3. Mit dem Bohrer ein Loch in den Tischtennisball bohren. 4. Das Streichholz mit dem Bindfaden in das Loch stecken; Streichholz muss sich im Ball quer stellen. 5. Anderes Ende der Schnur am Stock festbinden. 6. Zusätzlich mit Klebeband diese Stelle umwickeln; hält besser. 7. Fertig ist die Katzenangel.

Seite 20

2 a **Gestrichen werden muss:** die Säge, der Luftballon, die elektrische Bohrmaschine, der Kleber, das Gummiband

c

Reihenfolge	Arbeitsschritte
1	Zum Bau einer Katzenangel braucht man einen Stock, eine Schnur, einen Tischtennisball, Klebeband, ein Streichholz, einen kleinen Handbohrer und eine Schere.
2	*Zuerst* bricht man von einem Streichholz die Spitze ab. Es sollte danach ungefähr so lang sein, wie der Tischtennisball dick ist.
3	*Dann* knotet man das Ende der Schnur am Hölzchen fest.
4	*Anschließend* bohrt man mit einem Handbohrer ein kleines Loch in den Ball, damit das Streichholz mit der festgeknoteten Schnur hindurchpasst.
5	*Danach* stopft man das kleine Hölzchen mit der angeknoteten Schnur ganz vorsichtig in den Tischtennisball und zieht die Schnur stramm, sodass sich das Hölzchen im Ball quer stellt.
6	Damit die Schnur nicht so leicht vom Stock abgeht, umklebt man *nun* die angeknotete Schnur mit Klebeband.
7	*Schließlich* liegt die Katzenangel fertig auf dem Tisch.
8	*Zum Schluss* muss sie nur noch ausprobiert werden.

3 Die folgenden Wörter (in der Lösung zu 2 c *schräg gestellt*) drücken die Reihenfolge aus: zuerst, dann, anschließend, danach, nun, schließlich, zum Schluss.

4 a + b
Die in der Tabelle unterstrichenen Verben (s. Lösungen zu 2 c), die für die Vorgangsbeschreibung benutzt wurden in der Grundform (Infinitiv): brauchen / brechen / knoten / bohren / stopfen / ziehen / sich quer stellen / abgehen / umkleben / liegen / ausprobieren

5 Fellmaus, Feder, Korken ...

Seite 21

1 a Für eine Katzenrassel benötigt man: eine Walnuss, einen Teelöffel mit Reiskörnern, ein Messer, eine Tube Klebstoff.

b **Mögliche Lösung:** 1. Zuerst nimmt man die Walnuss in die Hand und halbiert sie vorsichtig mit einem Messer. Dabei ist darauf zu achten, dass man nicht von der Nussschale abrutscht und sich in den Finger schneidet. 2. Danach werden die beiden Nussschalen behutsam mit dem Messer ausgeschabt. Die beiden Nusshälften möglichst vollständig aushöhlen. 3. Den Teelöffel mit Reis gibt man in eine Nusshälfte hinein. Die Nusshälfte nicht vollständig mit Reis füllen. 4. Die Ränder

der Nussschalen werden mit Kleber eingeschmiert. Die beiden Hälften der Walnuss klebt man wieder zusammen und lässt sie 10 Minuten trocknen. Nun ist die Katzenrassel fertig.

2 **Mögliche Alternativen:** Tennisball, Tischtennisball, leere Dose von Filmrollen ...

Seite 22

1 a Um ein Überraschungsbonbon für Papageien zu basteln, benötigt man: eine leere Klopapierrolle, Papier zum Ausstopfen und Verpacken, einen Handbohrer, Nüsse, Kerne, eine Kordel.

b **Mögliche Lösung:** Zuerst nimmt man die leere Klopapierrolle in die Hand und bohrt mit einem Handbohrer Löcher in unregelmäßigen Abständen hinein. Dann stopft man die Rolle von oben und von unten mit Papier voll. Hierzu kann auch Papier einer Küchenrolle verwendet werden. Anschließend werden Nüsse oder Kerne, die dem Papagei als Leckerchen dienen, in die vorgestanzten Löcher gesteckt. Wie ein Bonbon wird zum Schluss die gefüllte Klopapierrolle eingepackt und mit einem Stück Schnur am Käfiggestänge befestigt.

2 **Mögliche Alternativen:** leere Küchenrolle, leere Rollen von Plastik- oder Alufolie ...

Seite 23

Meinungen begründen

1 a **Für den Frühsport (grün):**
Bewegung macht munter und gute Laune.
Wir sitzen den ganzen Tag.
Wir machen Mannschaftsspiele im Freien.
Sport ist gesund.
Frühsport steigert die Konzentration.
Ich könnte anderen viele Übungen zeigen, die ich im Sportverein kennen gelernt habe.

Gegen den Frühsport (rot):
Ich bewege mich in der Pause schon genug.
Ich treibe Sport nur im Verein.
Eine Qual am Morgen.

b **JA: Ich bin dafür, das Programm „Mit Frühsport fit in die Woche" einzuführen, ...**
.., weil wir den ganzen Tag sitzen.
..., denn Sport ist gesund.
..., weil Bewegung munter und gute Laune macht.
..., da wir Mannschaftsspiele im Freien machen können.
..., weil ich anderen viele Übungen zeigen könnte, die ich im Sportverein kennen gelernt habe.
..., weil Sport die Konzentration steigert.

NEIN: Ich bin dagegen, das Programm „Mit Frühsport fit in die Woche" einzuführen, ...
..., weil ich nur im Verein Sport treibe.
..., da ich mich in der Pause schon genug bewege.
..., denn Sport am Morgen ist eine Qual.

Seite 24

1 a ..., weil wir den ganzen Tag sitzen. (1)
..., denn Sport ist gesund. (2)
..., weil Bewegung munter und gute Laune macht. (4)
..., da wir Mannschaftsspiele im Freien machen können. (6)
..., weil ich anderen viele Übungen zeigen könnte, die ich im Sportverein kennen gelernt habe. (5)
..., weil Sport die Konzentration steigert. (3)

b Liebe Mitschülerinnen und Mitschüler,

bei einem Treffen aller Klassensprecherinnen und Klassensprecher der 5. Klassen sind wir zu dem Ergebnis gekommen, dass wir gern montags die Schule mit Frühsport beginnen möchten.

Wir bitten euch, das Programm „Mit Frühsport fit in die Woche" zu unterstützen, da wir den ganzen Schultag lang viel zu viel sitzen. Außerdem finden die meisten Klassensprecher, dass Sport gesund ist und die Konzentration dadurch für den Unterricht gesteigert werden kann. Bewegung macht nicht nur munter, sondern auch gute Laune. Wir sind auch aus dem Grund für das Programm, weil wir dann gemeinsam Staffelspiele durchführen können. Dies würde uns allen guttun, denn wir könnten z. B. Mannschaftsspiele im Freien machen.

Wir würden uns freuen, wenn ihr unser Anliegen bei der Schulleitung unterstützen würdet.

Mit freundlichen Grüßen

die Klassensprecherinnen und Klassensprecher der 5. Klassen

Seite 25

1 a + b

Man muss auch bedenken, dass wir uns in allen Pausen austoben und da schon genug bewegen. (4)	Wir bitten euch, die von uns genannten Begründungen zu berücksichtigen, wenn ihr euch eine Meinung bildet. (6)
Mit freundlichen Grüßen eure Klassensprecherinnen und Klassensprecher der 5. Klassen (7)	Liebe Mitschülerinnen und Mitschüler, (1)
Wir möchten nicht, dass das Programm „Mit Frühsport fit in die Woche“ eingeführt wird, da viele von uns in einem Verein sind, wo sie regelmäßig Sport treiben. (3)	Außerdem finden wir, dass Sport so früh am Morgen für viele Mitschülerinnen und Mitschüler eine Qual ist. (5)
bei einem Treffen der Klassensprecherinnen und Klassensprecher aller 5. Klassen wurde die Idee des Frühsports am Montag in unserer Schule diskutiert. (2)	~~Ebenso würden Staffelspiele die Klassengemeinschaft stärken. Wir fänden das toll~~.

2 Liebe Mitschülerinnen und Mitschüler, Ort, Datum

bei einem Treffen der Klassensprecherinnen und Klassensprecher aller 5. Klassen wurde die Idee des Frühsports am Montag in unserer Schule diskutiert.
Wir möchten nicht, dass das Programm „Mit Frühsport fit in die Woche“ eingeführt wird, da viele von uns in einem Verein sind, wo sie regelmäßig Sport treiben. Man muss auch bedenken, dass wir uns in allen Pausen austoben und da schon genug bewegen. Außerdem finden wir, dass Sport so früh am Morgen für viele Mitschülerinnen und Mitschüler eine Qual ist. Wir bitten euch, die von uns genannten Begründungen zu berücksichtigen, wenn ihr euch eine Meinung bildet.

Mit freundlichen Grüßen

eure Klassensprecherinnen und Klassensprecher der 5. Klassen

Seite 26

1 In dem Brief geht es um den Schüler Max aus der Klasse 5c, der sich an die SV wendet, weil er die Idee gut findet, montags Frühsport in der Schule zu machen.

2

Einleitung	Hallo, liebe Mitglieder der SV! In der Pause habe ich auf dem Hof ein Gespräch zum Thema „Frühsport für alle“ gehört.
Meinung	Ich finde, dass das eine ganz tolle Idee ist!
Begründungen	Sport ist mein Lieblingsfach und deshalb finde ich es gut, wenn wir die Woche mit viel Bewegung beginnen können. Außerdem könnten wir dann vielleicht auch Sportspiele mit den Parallelklassen machen. Ich finde, dass unsere Lehrer dabei mitmachen müssen. Die sitzen auch viel am Schreibtisch und in Konferenzen. Durch das Toben beim Sport bin ich bestimmt ruhiger im Deutschunterricht.
Schluss	Wann wird darüber entschieden? Wenn ihr noch Unterstützung braucht: Ich bin dabei!
Gruß	Liebe Grüße Max (Klasse 5c)

3 **Rechtschreibfehler:** dass dass – richtig: dass das; vil – richtig: viel; beim sport – richtig: beim Sport
Verkehrter Satzbau: (Falsch:) Außerdem könnten dann vielleicht wir auch Sportspiele mit den Parallelklassen machen. (Richtig:) Außerdem könnten wir dann vielleicht auch Sportspiele mit den Parallelklassen machen.
Fehlender Briefbestandteil: Der Gruß am Ende fehlt, z. B.: Liebe Grüße.

Lesen – Umgang mit Texten und Medien

Seite 27

Sachtexte lesen und verstehen

1 Auf dem Bild ist ein Einkaufswagen, in dem ein Kind Fernsehen guckt, zu sehen. Ich vermute deshalb, dass es in dem Text um das Fernsehen geht.

Seite 28

1 A = ja; B = ja; C = nein; D = ja

2 a Falsch markiertes Wort: paar
b + c Der Fernseheinkaufswagen enthält einen Chip, auf dem Trickfilme gespeichert sind, welche die Kinder ruhig stellen und die dem Laden Extraeinnahmen bringen.
d **Mögliche Schlüsselwörter:** begeisterte Mutter (Z. 36), US-Trend (Z. 38), warnende Stimmen (Z. 42), beste Idee aller Zeiten (Z. 48 f.)

3 a Einkaufswagen mit eingebautem Fernseher, ruhigen Einkauf, Kinder ablenkt, Hersteller Cabco, im wichtigsten Supermarkt der Welt, US-Bundesstaaten, getestet
b A Was ist ein Hightech-Einkaufswagen?

Seite 29

1 A Der Hersteller Cabco hat einen Einkaufswagen mit eingebautem Fernseher erfunden.
Diese Information steht im ersten Abschnitt des Textes.
B Das Besondere an diesem Einkaufswagen ist, dass Kinder darin fernsehen können.
Diese Information steht im zweiten Abschnitt des Textes.
C Viele Eltern finden den neuen Einkaufswagen gut, weil sie dadurch, dass ihre Kinder abgelenkt sind, entspannter einkaufen können.
Diese Information steht im dritten Abschnitt des Textes.

2 Die Ziffern müssen von oben nach unten in folgender Reihenfolge eingetragen werden: 2, 1, 4, 3, 5.

3 Ausgewählt werden müssen: „Der Fernseheinkaufswagen“, Supermärkten, helfen, Trickfilme, Laden, positiv, verstört.

Seite 30

1 **Die neue Erfindung**
Der Fernseheinkaufswagen = ein Einkaufswagen mit einem eingebauten Fernseher
sieht aus wie ...
ein Spielzeuglastwagen mit „Hightech-Technologie“.
Er wird derzeit getestet in ...
den USA/den US-Bundesstaten Texas, Nevada, Illinois.
Es gibt ihn weil .../Er wurde erfunden, um ...
- er den Supermärkten Extraeinnahmen bringen soll.
- Eltern das Einkaufen zu erleichtern. Sie müssen sich beim Einkaufen nicht mehr um ihre Kinder kümmern, weil die Kinder fernsehen.
- Kinder während der Einkaufstouren ihrer Eltern abzulenken und zu beschäftigen.

Positive Reaktionen
Die meisten Eltern sind begeistert, weil sie entspannter einkaufen können.
Die Kinder sind glücklich, weil sie gerne Trickfilme gucken.

Negative Reaktionen
Experten warnen davor, dass Kinder verstört werden können, wenn sie zu viel Fernsehen gucken.
Fachleute glauben, dass Kinder dadurch das ganze Leben für einen Trickfilm halten.

Seite 31

Erzähltexte lesen und verstehen

1 Antworten: a = Greg. b = Gregs Vater möchte, dass sein Sohn erwachsen wird und mehr Verantwortung übernimmt. c = Greg hat große Probleme, morgens wach zu werden. d = Zuerst versucht er es mit einem Radiowecker, danach mit einem alten Wecker zum Aufziehen.

2 Abbildung vom träumenden Greg: „Gestern habe ich zum ersten Mal versucht, ...“ (Z. 21–25)
Abbildung vom klingelnden Wecker: „Im Keller habe ich heute ...“ (Z. 30–36)

Seite 32

3 A = 1, 2, 3; B = 4; C = 2, 8; D = 9; E = 1; F = 5, 7; G = 6

4 **Beispiellösung:** Greg ist ein Junge, der noch zur Schule geht. Er ist in der Pubertät und besonders sein Vater erwartet von ihm, dass er erwachsen wird und mehr Verantwortung übernimmt. Zu seinem Vater hat Greg ein gutes Verhältnis. Gregs großes Problem besteht darin, dass er Schwierigkeiten hat, allein morgens aufzustehen. Alle Weckversuche scheitern. Greg ist aber sehr erfinderisch und sucht Lösungsmöglichkeiten, die allerdings nicht immer funktionieren.

5 „Der Alarm fiepte und fiepte, aber dieser Ton fand einfach den Weg in meinen Traum." (Z. 23 f.)	Die Textstelle ist lustig, weil ... A Greg den Alarm des Weckers in seinem Traum als das Fiepen von Kaninchen wahrnimmt.
„Das Problem ist mein Gehirn. Es findet immer eine Entschuldigung, um weiterzuschlafen." (Z. 26 ff.)	Die Textstelle ist lustig, weil ... A ein Gehirn eigentlich nicht sprechen kann, um eine Entschuldigung zu geben.
„... und diese Uhren machen einen Höllenlärm." (Z. 32 f.)	Die Textstelle ist lustig, weil ... B Greg das Klingeln der Uhr völlig übertrieben als „Höllenlärm" bezeichnet.
„Deshalb werde ich den Wecker heute Nacht unter meinem Bett verstecken. Wenn er früh klingelt, muss ich aufstehen, um ihn zu suchen, und dann bin ich auf jeden Fall wach." (Z. 40 f.)	Die Textstelle ist lustig, weil die Vorstellung witzig ist, dass Greg unter das Bett krabbelt, um den Wecker auszuschalten.

Seite 33

1 Die richtige Reihenfolge ist: 1 – 4 – 3 – 5 – 2.

2 Bild 1: Textstelle 4; Bild 2: Textstelle: 5

Seite 34

1 A: richtige Aussage. B: Greg ist vom Geräusch des Weckers nicht erschreckt, aber er macht das Fiepen des Weckers zu einem Bestandteil seines Traumes. C: Greg bekommt keinen neuen Wecker von seiner Mutter geschenkt, sondern sucht selbst im Keller nach einem alten Wecker zum Aufziehen. D: Greg versteckt den Wecker unter seinem Bett, weil er dann aufstehen muss, um den Wecker abzustellen und somit danach nicht wieder einschläft.

2 1 – c; 2 – a; 3 – b

Seite 35

Ein Märchen fortsetzen

1
a Sie wird eingeladen, weil ... sie Hubertus geholfen hat, als er verletzt am Fluss saß.
... sie dem jüngsten Sohn, Heinrich, helfen soll.
b Sie sagt ihre Hilfe zu und eilt zum kranken Sohn.
c Beispielantworten: Annabel könnte den Königssohn heilen, indem sie ... ihm einen Kräutertrank mischt, der sein Fieber senkt./... ihm Kräuterumschläge macht, die sein Fieber verschwinden lassen./... ihm Kräuterbäder empfiehlt./... ihn auf sieben verschiedenen Kräutern kauen lässt, die sein Fieber auf der Stelle senken.

2 **Beispiellösung:** Sie sagte ihre Hilfe zu und eilte sofort zum kranken Königssohn. Der lag in seiner Kammer und fieberte. Es ging ihm sehr schlecht und alle machten sich große Sorgen. Annabel versprach ihm: „Halte noch eine Weile durch. Ich werde dir helfen können, sobald ich alle Kräuter gesammelt habe. Wenn du sie nacheinander langsam kaust, wird dein Fieber verschwinden. Das verspreche ich dir." Schnell ging sie in den Wald und sammelte dort die sieben Kräuter. Sorgfältig pflückte sie verschiedene Blätter und Zweige und brachte dann alles zu Heinrich ins Schloss. Sie erklärte ihm genau, in welcher Reihenfolge er die Kräuter einnehmen musste. Der König, sein älterer Sohn Hubertus und auch die Diener des Königs schauten ihr gespannt zu. Heinrich wimmerte vor Schmerzen. Nachdem er alle sieben Kräuter langsam gekaut hatte, reichte sie ihm noch ein Glas Wasser. „Trink das Wasser und dann schlaf noch eine Weile. Du wirst sehen, wenn du aufwachst, ist das Fieber verschwunden.", sagte sie zu ihm. Tatsächlich schlief Heinrich kurz darauf ein. Annabel blieb an seinem Bett sitzen, auch der König verließ das Zimmer nicht. Er wollte wissen, ob die Bauerstochter wirklich helfen konnte oder ob sie sich alles nur ausgedacht hatte. Nach einer guten Stunde wachte Heinrich auf. Er öffnete die Augen und lächelte seinen Vater und Annabel an. Sofort stand er auf, sein Fieber war verschwunden und es ging ihm gut. Er war wieder gesund. Alle im Schloss freuten sich und feierten ein großes Fest. Am Abend durfte Annabel ihre Wünsche verkünden. Sie wünschte sich ein wunderschönes Kleid, ein neues Haus für sich und ihre Eltern und Reichtum. Innerhalb eines Jahres erfüllten sich ihre Wünsche. Annabel lebte glücklich und zufrieden in der Nähe des Schlosses. Immer wenn jemand eine Krankheit hatte, kam er zu ihr und ließ sich von ihr mit ihren Kräutermischungen helfen. Und wenn sie nicht gestorben sind, dann leben sie noch heute.

Seite 36

2 a + b

Beispiellösung: Nachdem Joshua das Geschriebene gelesen hatte, eilte er in den Wald, um dort nach dem Fasan zu suchen. Er schaute nach dem Vogel in einer Höhle, in den Büschen und auf verschiedenen Bäumen, konnte ihn aber nicht finden. Da hörte er ein leises Rufen und die Schreie des Fasans. Er konzentrierte sich, um herauszufinden, von wo sie kamen. Neben einem Dornenbusch sah er plötzlich einen Zwerg stehen. Sofort lief er hin und fragte ihn: „Hast du nach mir gerufen? Was kann ich für dich tun?" Der Zwerg antwortete: „Ich bin erleichtert, dass du kommst! Ich habe eine Fasanenfeder mit einem Zauberspruch losgeschickt, damit sie jemanden findet, der den Fasan aus der Notlage retten kann! Ich glaube, sie hat dich gefunden, weil du so klein bist!" Joshua wollte gern helfen und ließ sich von dem Zwerg erklären, was passiert war: „Der Fasan hat sich hier in dem Dornenbusch verfangen und kommt nicht mehr heraus. Ich bin zwar klein genug, um in den Dornenbusch zu klettern, aber nicht stark genug, um die kräftigen Zweige alleine herunterzubiegen. Kannst du mir helfen, den Fasan zu befreien?" Geschickt kletterte Joshua zwischen den Dornenzweigen umher und hängte sich mit seiner ganzen Kraft an den dicksten Zweig. Auch der Zwerg half mit und so konnte der Fasan langsam aus dem Gestrüpp kriechen. Er krächzte laut zum Dank und flog glücklich davon. Joshua und der Zwerg freuten sich, dass sie den Vogel gerettet hatten. Bevor sie sich verabschiedeten, verriet ihm der Zwerg flüsternd: „Du wirst sehen, dir soll zum Dank etwas Gutes passieren." Und wie durch ein Wunder begann Joshua von diesem Tag an wieder zu wachsen. Er wurde groß und stark, genau wie seine Freunde.

Seite 38

Ein Gedicht gestaltend vortragen

2 Fred Endrikat
Die Wühlmaus

| ↗ |
Die Wühlmaus nagt und nagt – oh [weh] –
↗
auch von der [„Urze"] noch das [„e"].
↗
Sie nagt die [Wurzel] klein und [kurz],
↗ ↘|
bis aus der [„Urze"] wird ein [„Urz"].

| ↗ ↘ |
Die Wühlmaus – ohne [Rast] und [Ruh] –
↗
nagt von der [„Urz"] auch noch das [„U"].
↗ ↗
Der Rest ist schwer zu [reimen][jetzt],
↘|
es bleibt zurück nur noch ein [„Rz"].

↘
Nun steht die [„Rz"] im Wald [allein],
↘
die Wühlmäuse sind so [gemein].

Grammatik

Seite 39

Wortarten – Von Piraten und anderen wilden Wesen

1 **Hamburg.** Bei einem Spaziergang an der Elbe entdeckte Jonas M., ein zwölfjähriger Junge, zufällig eine Flaschenpost. Zunächst hielt der Schüler die Flasche für Abfall und wollte sie fortwerfen. Erst als er genauer hinsah, entdeckte er einen Zettel darin. Es stellte sich heraus, dass er eine sehr alte Landkarte in der Hand hielt. Nun rätselt man, ob die Karte zu einem wertvollen Schatz führt.

2 der Sand; das Wasser; die Sonne

Seite 40

3 männlich: der Sand; weiblich: die Sonne; sächlich: das Wasser

4 a die/eine Welle, die/eine Welt, der/ein Himmel, der/ein Stern, das/ein Abenteuer, die/eine Pfeife, der/ein Säbel, das/ein Land, das/ein Fass, der/ein Anker
b Auf dem Wasser tanzt eine Welle. Eine Möwe landet auf einem Fass.

5 **Durchzustreichen sind:** das Plastik | der Schal | der Regen | der Weg | die Landkarte.

Seite 41

6 a + b **Hinweis:** Nomen im Singular sind einfach unterstrichen, Nomen im Plural sind gepunktet unterstrichen.
Um zu dem Ziel zu gelangen, muss man an der Ostküste der Insel ankern. Südlich erkennt man zwei verfallene Hütten, die auf einem kleinen Hügel stehen. Nördlich kann man in der Ferne die beiden Eingänge der sagenumwobenen „Diamantenhöhle" sehen. Man läuft Richtung Norden und lässt die Bäume rechts hinter sich. Nach einer Weile gelangt man zum „Tal der Finsternis". Deutlich erkennt man die fünf Berge, die das Tal umgeben. Schließlich sieht man an der Westküste zwei auffällige Höhlen. Dort befindet sich der Schatz.

7 das Schiff – die Schiffe; der Kapitän – die Kapitäne; die Mannschaft – die Mannschaften; der Spaten – die Spaten

Seite 42

8 a + b **Überfall auf die „Nuestra Señora de la Concepción" (1579)**
- Der Schatz war besonders wertvoll, den das Schiff geladen hatte.
- Francis Drake konnte das Schiff überfallen und den größten Schatz aller Zeiten erbeuten.
- Gold, Silber und Edelsteine befanden sich im Frachtraum des Schiffes.
- Sechs Tage dauerte es, bis die Mannschaft dem Schiff die Ladung entnommen hatte.

c Gold, Silber und Edelsteine befanden sich im Frachtraum des Schiffes. Genitiv

Seite 43

9 a A = dem Seefahrer (Z. 3); B = der Seefahrer Francis Drake (Z. 1); C = des Seefahrers (Z. 4); D = den Seefahrer (Z. 2)

b

Nomen	Frage	Fall (Kasus)
der Seefahrer	Wer oder was ...?	1. Fall: Nominativ
des Seefahrers	Wessen ...?	2. Fall: Genitiv
dem Seefahrer	Wem ...?	3. Fall: Dativ
den Seefahrer	Wen oder was ...?	4. Fall: Akkusativ

10 Nur wenige Piraten haben ihre Seeräuberbeute vergraben. Allerdings sind diese Schätze nur selten gefunden worden. Dafür stieß man auf Gold und Silber, das aus Furcht vor Piratenüberfällen vergraben wurde. So konnte es den Piraten nicht in die Hände fallen. Die meisten Piraten haben die Beute ihrer Raubzüge rasch weiterverkauft.

Seite 44

1 a + b **Allein auf der Insel**

Der englische **Seefahrer** William Dampier (1651 – 1715) war vielseitig und sehr gebildet. Er umsegelte dreimal die **Welt** und entdeckte auf den **Reisen** zahlreiche unbekannte Länder. Der **Entdecker** und Forscher begleitete sogar eine **Piratengruppe** auf den **Raubzügen** gegen Schiffe und Städte. Während Dampiers zweiter Weltumseglung im Jahr 1705 ließ sich ein **Matrose** auf einer unbewohnten Insel weit vor der chilenischen **Küste** aussetzen. Er befürchtete, das alte **Schiff** würde bald sinken – und tatsächlich erlitt der **Segler** kurz darauf Schiffbruch und große Teile der Mannschaft kamen ums Leben. Vier Jahre später ging Dampier wieder an Bord und gelangte erneut zu der Insel, auf der der Matrose ausgesetzt wurde. Plötzlich entdeckte man ein **Feuer** auf der Insel ...

2

	Singular (Einzahl)	Plural (Mehrzahl)
der Seefahrer	X	
die Welt	X	
den Reisen		X
der Entdecker	X	
eine Piratengruppe	X	
den Raubzügen		X

	Singular (Einzahl)	Plural (Mehrzahl)
ein Matrose	X	
der Küste	X	
das Schiff	X	
der Segler	X	
ein Feuer	X	

Seite 45

1 b ... und informierte den Kapitän (Wen oder was? – Akkusativ). Dieser schickte Matrosen (Wen oder was? – Akkusativ) an Land, die der Ursache des Feuers auf den Grund gehen sollten. Es stellte sich heraus, dass der Matrose (Wer oder was? – Nominativ), der damals ausgesetzt worden war, vier Jahre lang auf der Insel überlebt hatte. Die ganze Zeit hindurch hatte sich der Mann (Wer oder was? – Nominativ) nur von Krebsen, Ziegenfleisch und Obst ernährt. Die Matrosen (Wer oder was? – Nominativ) nahmen sich des Mannes (Wessen? – Genitiv) an und kehrten mit ihm in seine Heimatstadt zurück.

2 Der Kapitän des Schiffes, Woodges Rogers, kehrte in seine Geburtsstadt Bristol zurück und verfasste einen Reisebericht mit seinen Erlebnissen. Der Titel des Buches lautete: „A Voyage around the World". In diesem Buch beschreibt der Kapitän den Aufenthalt des Matrosen auf der Insel. Die Veröffentlichung des Buches brachte den Schriftsteller Daniel Defoe auf die Idee, einen Roman zu schreiben, der 1719 unter dem Titel „Robinson Crusoe" erschien.

Seite 46

1 **Waren nur Männer Piraten?**

Frauen waren auf Piratenschiffen eine absolute Seltenheit. ~~Frauen~~ Sie wurden dort nicht geduldet. Einige abenteuerlustige Frauen ließen sich von dem Verbot nicht abschrecken. ~~Die Frauen~~ Sie heuerten in Männerkleidung auf Piratenschiffen an. Das Piratenleben begeisterte Männer und Frauen. ~~Das Piratenleben~~ Es versprach Ruhm und Reichtum.

2 **Anne Bonny – Heldin in Männerkleidern**

a (1) Eine der berühmtesten Piratinnen war Anne Bonny. (2) Anne Bonny stammte aus Irland und wanderte Anfang des 18. Jahrhunderts nach Nordamerika aus. (3) Sie schloss sich dem Piratenkapitän Jack Rackham an. (4) Der Piratenkapitän trieb in der Karibik sein Unwesen. (5) Jack ließ sich vom Mut und der Tatkraft Annes überzeugen. (6) Deswegen nahm Jack Anne mit an Bord.

b + c Eine der berühmtesten Piratinnen war Anne Bonny. Sie stammte aus Irland und wanderte Anfang des 18. Jahrhunderts nach Nordamerika aus. Sie schloss sich dem Piratenkapitän Jack Rackham an. Er trieb in der Karibik sein Unwesen. Jack ließ sich vom Mut und der Tatkraft Annes überzeugen. Deswegen nahm er sie mit an Bord.

Seite 47

3 **Mary Read – von der Reisenden zur Piratin**

Ende des 17. Jahrhunderts kam Mary Read in London zur Welt. Als Mann verkleidet trat sie in die englische Armee ein. Dort lernte sie einen Soldaten kennen und verliebte sich in ihn. Als ihr Mann starb, segelte Mary Read in die Karibik. Unterwegs wurde ihr Schiff von Jack Rackham überfallen, was sie tief beeindruckte. Mary Read beschloss, sich ihm anzuschließen. Auf Rackhams Schiff begegnete ihr die Piratin Anne Bonny, mit der sie sich anfreundete.

4 Es gab sogar Piratinnen! Wie es *ihnen* auf See ergangen ist, würde ich gerne wissen!
Ihr habt gefragt, ob es heute noch Piratinnen gibt. Das kann *ich* nicht sagen.
Wie konnten die Piratinnen unerkannt bleiben? Das ist *uns* nicht klar.
Ich habe das erste Mal von Anne Bonny und Mary Read gehört. Kannst *du* mehr über sie erzählen?

Seite 48

1 a + b **Der Commerson-Delfin**

Der Delfin hat einen massigen Körper und eine schwarz-weiß gefärbte Haut. Er hat einen weißen Fleck unter dem Maul und einen schwarzen unter dem Bauch. Der Delfin besitzt zwei längliche Brustflossen mit runden Enden. Außerdem hat er eine dreieckige Rückenflosse und eine breite Schwanzflosse. Besonders auffällig ist der kleine Kopf mit dem kleinen Maul.

Seite 49

2 a Der Tigerhai ist größer als der Tümmler. Am größten ist der Pottwal. Am kleinsten ist die Meeresschildkröte. Die Meeresschildkröte ist schwerer als der Tümmler und der Tigerhai. Aber am schwersten ist der Pottwal. Am leichtesten ist der Tümmler. Leichter als die Meeresschildkröte ist der Tigerhai. Der Tümmler ist kürzer als der Tigerhai. Am kürzesten ist die Meeresschildkröte. Der Pottwal ist älter als der Tümmler und der Tigerhai. Aber am ältesten ist die Meeresschildkröte. Am jüngsten ist der Tigerhai. Er ist jünger als der Tümmler, die Meeresschildkröte und der Pottwal.

b Die Meeresschildkröte ist so alt wie ein Greis. Jünger als die Meeresschildkröte ist der Pottwal. Der Tigerhai ist schwerer als der Tümmler. Länger als die Meeresschildkröte ist der Tigerhai. Der Tigerhai wiegt so viel wie zwei Tümmler.

3 **Beispiele:**

Der Hals einer Giraffe ist länger als der Hals einer Antilope.
Ein Gepard ist schneller als ein Nilpferd.
Viele Zebras sind so groß wie Pferde.
Eine Giftschlange ist so gefährlich wie ein Skorpion.

Seite 50

1 Paul Maar
Irgendwo in der Welt

Ein Eisbär isst ein Eis am Stiel,
ein Huhn hat hohes Fieber,
ganz leise weint ein Krokodil,
zufrieden grinst ein Biber.

Ein Pinguin taucht tief ins Meer,
ein Hase sitzt im Klee,
ein Orang-Utan kratzt sich sehr,
ein Wolf hat Magenweh.

Ein Wellensittich singt sein Lied,
ein Floh sucht eine Bleibe –
und während alles dies geschieht,
sitz ich zu Haus und schreibe!

Seite 51

2 a **Beispiellösung:**
Ich träume in einer Stadt.
Du träumst gleich nebenan.
Der Blauwal träumt im Ozean.
Die Krabbe träumt im Watt.
In der Steppe träumt der Strauß.
Wir träumen in Amerika.
Ihr träumt ganz fern in Afrika.
Mäuse träumen gern im Haus.

b **Im Urwald**
Auf einem Baum klettert ein Schimpanse.
Eine Vogelspinne krabbelt durch das Unterholz.
An einem kleinen See quakt ein Pfeilgiftfrosch.
Auf einem Ast krächzt ein Papagei.
Ein Orang-Utan frisst ein Stück Obst.

c Der Hund bellt, kläfft, rennt, frisst, springt.
Die Katze miaut, schnurrt, jagt, faucht, klettert.
Das Pferd wiehert, galoppiert, trabt, steht, schnaubt.
Der Vogel zwitschert, fliegt, piept, hüpft, nistet.

3 a + b **Beispiellösung:**

	rennen	**stehen**	**fliegen**	**springen**
ich	renne	stehe	fliege	springe
du	rennst	stehst	fliegst	springst
er/sie/es	rennt	steht	fliegt	springt
wir	rennen	stehen	fliegen	springen
ihr	rennt	steht	fliegt	springt
sie	rennen	stehen	fliegen	springen

Seite 52

1 **Teste dich! – Wortarten**

Insgesamt zu erreichende Punktzahl: **24 Punkte**

Für jede richtig erkannte Wortart gibt es einen Punkt. 9 Punkte
Hinweis: Nomen, Verben, Adjektive
Dem GLÜCKLICHEN GLÜCKSPILZ GLÜCKT wirklich alles.
Jeden Cent SPART der SPARSAME SPARFUCHS.
WITZELT der WITZIGE WITZBOLD wieder herum?

2 a + b Für jedes erkannte Nomen gibt es einen Punkt und für jedes richtig gesetzte Pronomen gibt es einen Punkt. 4 Punkte

Wir wohnen in einem großen Haus. ~~Ihm~~ Es steht am Ende der Straße.

Davor stehen zwei große Bäume. Von Weitem kann man ~~ihnen~~ sie schon gut sehen.

3 a Für jedes richtig gefundene Adjektiv gibt es einen Punkt. 5 Punkte
ein kaltes Eis, ein nasser Regen, ein eckiger Würfel, eine langsame Schnecke, eine süße Schokolade

b Für jede richtige Steigerungsform gibt es einen Punkt. 4 Punkte
heiß – heißer – am heißesten, schnell – schneller – am schnellsten

4 Für jedes richtig eingesetzte Verb gibt es einen Punkt. 2 Punkte
Ein Koch kocht in der Küche. Ein Tänzer tanzt auf der Bühne.

Seite 53

Das Tempus des Verbs – Reisen in der Zeit

1 a + b

B Ein Kind schwimm[t] / plansch[t] im Wasser.
C Eine Frau lieg[t] / dös[t] / faulenz[t] unter dem Sonnenschirm.
D Ein Hund renn[t] / wetz[t] / flüchte[t] über den Strand.
E Ein Eis schmilz[t] / tropf[t] in der Hand.

2 **Beispiellösung:**

a Sätze, die Gewohnheiten oder Dauerzustände ausdrücken, z. B.:
- Ein Zimmer hat vier Ecken.
- Pflanzen brauchen Wasser.
- Morgens trinke ich immer Kaffee.
- Jeden Sonntag machen wir einen Ausflug.

b Sätze, die etwas über die Zukunft aussagen, z. B.:
- Morgen verreise ich.
- Demnächst gehe ich nach Berlin.
- Im nächsten Monat ziehen wir um.
- Am Freitag gehe ich aus.

Seite 54

1 a Hallo Mina. Heute sind wir endlich im Süden gelandet.
Wir sind in unser Zimmer gerannt und sind sofort an den Strand gelaufen.
Fritz hat laut gebellt und ist schnell ins Wasser gesprungen.
Eine Frau hat dann gleich mit uns geschimpft.
Wir sind am Abend ganz glücklich eingeschlafen.

b A „sein“: sind gelandet, sind gerannt, sind gelaufen, ist gesprungen, sind eingeschlafen
B „haben“: hat gebellt, hat geschimpft

c Das Perfekt wurde mit „sein“ gebildet, ...
... wenn jemand oder etwas sich auf ein Ziel zubewegt. [X]
... wenn sich der Zustand von jemandem oder etwas verändert. [X]
... jemand etwas Ungewöhnliches macht. [ ]

2 Hatice und Lisa: „Wir haben im flachen Wasser gespielt.“
Ben: „Ich bin von einer Klippe ins Meer gesprungen.“
Mehmet zu Freunden: „Ihr seid lautlos durchs Wasser geschwommen.“
Mia zu einer Freundin: „Du bist ziemlich tief getaucht.“

Seite 55

1 a „Ich bin zwar in den Bergen aufgewachsen, Wasser habe ich aber schon immer geliebt. Schon als kleiner Junge habe ich mir aus einer Limoflasche und einem Strohhalm ein Tauchgerät gebastelt. Damit bin ich ins Meer gesprungen. Mein erster Tauchgang ist aber nicht erfolgreich gewesen. Mit 16 Jahren habe ich dann meinen Tauchschein auf einer Insel im Indischen Ozean gemacht.“

b + c

Perfekt mit „haben“

	basteln	machen	lieben
ich	habe gebastelt	habe gemacht	habe geliebt
du	hast gebastelt	hast gemacht	hast geliebt
er/sie/es	hat gebastelt	hat gemacht	hat geliebt
wir	haben gebastelt	haben gemacht	haben geliebt
ihr	habt gebastelt	habt gemacht	habt geliebt
sie	haben gebastelt	haben gemacht	haben geliebt

Perfekt mit „sein“

	aufwachsen	springen	sein
ich	bin aufgewachsen	bin gesprungen	bin gewesen
du	bist aufgewachsen	bist gesprungen	bist gewesen
er/sie/es	ist aufgewachsen	ist gesprungen	ist gewesen
wir	sind aufgewachsen	sind gesprungen	sind gewesen
ihr	seid aufgewachsen	seid gesprungen	seid gewesen
sie	sind aufgewachsen	sind gesprungen	sind gewesen

Seite 56

1 a + b

A „Bei meinem letzten Tauchgang habe ich wieder Schwerstarbeit geleistet."
B „Mit einer Ausrüstung von 50 Kilo bin ich ins Wasser gesprungen."
C „So ausgerüstet habe ich immer wieder unglaubliche Augenblicke erlebt."
D „Einmal bin ich in Mexiko in einer Höhle getaucht."
E „Da habe ich das Gefühl gehabt, durch den Weltraum zu schweben."

2 a Forschungsteam: Schatz gefunden? (haben)
Weltumsegler: „Meinen Traum umgesetzt!" (haben)
Verrücktes Klima: Wasserspiegel gestiegen? (sein)
Nach Schiffsunglück: Alle Passagiere überlebt! (haben)
Superstar: Insel gekauft (haben)
Bermudadreieck: Schiff gesunken (sein)

b Hat das Forschungsteam den Schatz gefunden?
Weltumsegler: „Ich habe meinen Traum umgesetzt!"
Verrücktes Klima: Ist der Wasserspiegel gestiegen?
Haben nach dem Schiffsunglück alle Passagiere überlebt?
Superstar hat eine Insel gekauft.
Im Bermudadreieck ist ein Schiff gesunken.

Seite 57

1 a Vor über 200 Millionen Jahren lebten Dinosaurier auf der Erde.
Heute leben keine Dinosaurier mehr.
Die Riesenechsen waren vor allem Pflanzenfresser.
Viele Eidechsen sind auch in der heutigen Zeit Pflanzenfresser.
Damals bestand die Landfläche aus einer einzigen Fläche.
Heute besteht die Landfläche aus einzelnen Kontinenten.

b

Vergangenheit (Präteritum)	**Gegenwart (Präsens)**
Vor über 200 Millionen Jahren lebten Dinosaurier auf der Erde.	Heute leben keine Dinosaurier mehr.
Die Riesenechsen waren vor allem Pflanzenfresser.	Viele Eidechsen sind auch in der heutigen Zeit Pflanzenfresser.
Damals bestand die Landfläche aus einer einzigen Fläche.	Heute besteht die Landfläche aus einzelnen Kontinenten.

c A Die Sätze unter der Überschrift „Vergangenheit" stehen im [X] Präteritum [ ] Präsens.
B Die Sätze unter der Überschrift „Gegenwart" stehen im [ ] Präteritum [X] Präsens.

Seite 58

2 a **Leben, das aus dem Meer kam**
Die ersten Urmenschen lebten vor vier Millionen Jahren. Dinosaurier und Menschen begegneten sich also nie. Das erste Leben auf der Erde entstand vor etwa vier Milliarden Jahren im Meer. Es waren winzige Einzeller, aus denen sich später alle Lebewesen entwickelten: zuerst die Fische und dann die Amphibien, die sowohl im Wasser als auch an Land lebten. Aus den Amphibien formten sich die Reptilien, die das Festland eroberten. Aus diesen wiederum gingen die Dinosaurier hervor.
b Im letzten Satz des Textes handelt es sich um ein [X] starkes Verb [ ] schwaches Verb.

3 a „Ich lebe in der Kreidezeit. Zum Schutz besitze ich Hörner, einen Hakenschnabel und ein Nackenschild. Ich gehöre zu den Horn-Dinosauriern. Alle anderen Horn-Dinosaurier sind kleiner und schmächtiger als ich. Ich verhalte mich friedlich und jage nicht. Mein Lieblingsessen besteht aus Pflanzen."
b Der Triceratops-Dinosaurier lebte in der Kreidezeit. Zum Schutz besaß er Hörner, einen Hakenschnabel und ein Nackenschild. Er gehörte zu den Horn-Dinosauriern. Alle anderen Horn-Dinosaurier waren kleiner und schmächtiger als er. Der Triceratops-Dinosaurier verhielt sich friedlich und jagte nicht. Sein Lieblingsessen bestand aus Pflanzen.

Seite 59

1 **Wie zogen die Dinosaurier ihre Jungen groß?**
a Viele Dinosaurier bauten Erd- oder Sandnester, die sie mit Pflanzenteilen oder Erde bedeckten. Wenn die Sonne darauf schien, wurde es im Nest warm. Im warmen Sand entwickelten sich die Eier. Oft bildeten die Dinosaurier Gemeinschaften. Viele Nester lagen dann nebeneinander. Einige Arten kamen jedes Jahr wieder zum gleichen Nistplatz. Vermutlich blieben viele Jungtiere ähnlich wie Vögel im Nest. Ältere Tiere derselben Art wachten über sie.
b + c **schwache Verben:** bauten – bauen, bedeckten – bedecken, entwickelten – entwickeln, bildeten – bilden, wachten – wachen
starke Verben: schien – scheinen, wurde – werden, lagen – liegen, kamen – kommen, blieben – bleiben

2 Die Eier entwickelten sich in der Wärme. – Ein Ei entwickelte sich nach dem anderen.
Die Jungtiere blieben in ihren Nestern. – Ein Jungtier blieb bei dem anderen.

3 **Grund für plötzlichen Dino-Tod gefunden!**
Jetzt können Forscher endlich erklären, warum die Dinosaurier am Ende der Kreidezeit plötzlich ausstarben. Heute weiß man,

dass die Riesenechsen vor 65 Millionen Jahren die Erde beherrschten. Nach ihrem Verschwinden entwickelten sich immer mehr Säugetierarten wie das Mammut. Irgendwann lebten die ersten Menschen. Warum die Dinosaurier aber damals von der Erde verschwanden, blieb lange ein Rätsel. Forscher bringen jetzt Licht ins Dunkel: Sie glauben, dass die Dinosaurier deswegen starben, weil ...

Seite 60

1 b ... ein Meteorit auf der Erde einschlägt. Dieser Gesteinsbrocken aus dem Weltall hinterlässt ein gewaltiges Einschlagloch. Der Aufprall des Meteoriten schleudert vermutlich große Mengen von Ruß, Staub und Gestein in den Himmel. Dabei entstehen Winde, die die Staubwolken über der Erde verteilen. Plötzlich wird es überall dunkel und kalt. Da Dinosaurier ihre Körpertemperatur nicht regulieren können, sterben sie aus.

c ... ein Meteorit auf der Erde einschlug. Dieser Gesteinsbrocken aus dem Weltall hinterließ ein gewaltiges Einschlagloch. Der Aufprall des Meteoriten schleuderte vermutlich große Mengen von Ruß, Staub und Gestein in den Himmel. Dabei entstanden Winde, die die Staubwolken über der Erde verteilten. Plötzlich wurde es überall dunkel und kalt. Da Dinosaurier ihre Körpertemperatur nicht regulieren konnten, starben sie aus.

2 a **Verben:** stand, biss, aß, fror, gab, ging, goss, lud, roch, schlich, schob, schnitt, sah, war, saß, stahl, tat, wuchs

b aß – essen, fror – frieren, gab – geben, ging – gehen, goss – gießen, lud – laden, schlich – schleichen, schob – schieben, schnitt – schneiden, sah – sehen, war – sein, saß – sitzen, stahl – stehlen, tat – tun, wuchs – wachsen

Seite 61

Teste dich! – Das Tempus

Insgesamt zu erreichende Punktzahl: 36 Punkte

1 Gestern aß, las, ging, sprach, lachte, trank, dachte, wusste, schwieg, schlief ich. 9 Punkte

2 a + b 18 Punkte.

	Präsens	Präteritum	Perfekt
ich	schreibe	schrieb	habe geschrieben
du	schreibst	schriebst	hast geschrieben
er/sie/es	schreibt	schrieb	hat geschrieben
wir	schreiben	schrieben	haben geschrieben
ihr	schreibt	schriebt	habt geschrieben
sie	schreiben	schrieben	haben geschrieben

3 Dinosaurier besitzen lange wissenschaftliche Namen, die aus dem Lateinischen oder Altgriechischen kommen. Wissenschaftler aus aller Welt verstehen sich auf diese Weise. Dinosauriernamen änderten sich aber im Laufe der Zeit. Zwei Sammler, die im 19. Jahrhundert zwei verschiedene Exemplare von ein und demselben Dinosaurier fanden, vergaben verschiedene Namen. Im ersten Fall nannte man die Riesenechse „Apatosaurus", im zweiten „Brontosaurus". Wenn es zu einem solchen Irrtum kommt, gilt in der Regel der zuerst vergebene Name. 9 Punkte.

Seite 62

Satzarten unterscheiden – Abenteuer Steinzeit

1 a + b **Hinweis:** Aussagesatz, Fragesatz, Ausrufesatz
Kannst du mir vielleicht weiterhelfen?
Ach, bestimmt nicht!
Hatten die Menschen in der Steinzeit Haustiere?
Zahme Wölfe waren die ersten Haustiere der Steinzeitmenschen.

c Waren die ersten Haustiere der Steinzeitmenschen zahme Wölfe?
Die Menschen hatten in der Steinzeit Haustiere.

2 **Hinweis:** Aussagesatz, Fragesatz, Ausrufesatz
Wie wurde der Wolf zum Hund? Vermutlich hatten Steinzeitkinder die Idee, Wölfe zu zähmen. Wahrscheinlich fanden sie verlassene Wolfswelpen und nahmen sie mit nach Hause. Dort fütterten die Kinder die Welpen mit Essensresten und freundeten sich mit ihnen an. Dadurch wurden die Welpen zahm. Die Tiere betrachteten die Kinder als ihre Familie und liefen nicht weg. Sie ahmten sogar menschliche Gesichtszüge nach, wie zum Beispiel ein menschliches Lächeln. Kein wilder Wolf würde so etwas tun! Später gingen die zahmen Wölfe mit auf die Jagd.

3 Bei dem Satz „Kein wilder Wolf würde so etwas tun!“ könnte man am Ende auch einen Punkt setzen. Ein Aussagesatz passt besser in einen Sachtext.
Bei dem Satz „Sie ahmten sogar menschliche Gesichtszüge nach, wie zum Beispiel ein menschliches Lächeln.“ könnte man am Ende auch ein Ausrufezeichen setzen, weil der Satz eine ungewöhnliche/bemerkenswerte Information enthält, die durch einen Ausrufesatz hervorgehoben werden kann.

Seite 63

Satzglieder ermitteln – Abenteuer Forschung

1 a Einen einzigartigen Schatz fand man in Südfrankreich.
Steinzeitmenschen formten zwei Bisons in einer Höhle.
Diese beiden Figuren erkennt man noch nach 14 000 Jahren.
b + c [In Südfrankreich] [fand] [man] [einen einzigartigen Schatz].
d Fand man in Südfrankreich einen einzigartigen Schatz?

2 a + b [Die Steinzeitmenschen] [beleuchteten] [mit Kerzen] [die Höhlen].
[Wandfarbe] [produzierten] [die Steinzeitmenschen] [aus Kohle].

Seite 64

3 a [Die Steinzeitmenschen] [lebten] [lange] [als Nomaden]. [Sie] [suchten] [Schutz] [in Höhlen]. [Sie] [trafen] [selten] [andere Menschen]. [Die Steinzeitmenschen] [jagten] [Tiere].
b Die Steinzeitmenschen lebten lange als Nomaden. In Höhlen suchten sie Schutz. Andere Menschen trafen sie selten. Die Steinzeitmenschen jagten Tiere.

4 a + b Erst vor 10 000 Jahren wurden die Menschen sesshaft. Die Menschen wohnten in festen Häusern.
c Die Menschen wurden erst vor 10 000 Jahren sesshaft. In festen Häusern wohnten die Menschen.

Seite 65

1 Das Kariesrisiko war bei den Steinzeitmenschen durch den Verzicht auf Zucker sehr gering.
Die Steinzeitfrauen benutzten rote Erde zur Auffrischung der Gesichtsfarbe.
Gegen Zahnschmerzen kauten die Steinzeitmenschen Klumpen aus Birkenharz.

2 Bei den Steinzeitmenschen war das Kariesrisiko durch den Verzicht auf Zucker sehr gering.
Zur Auffrischung der Gesichtsfarbe benutzten die Steinzeitfrauen rote Erde.
Die Steinzeitmenschen kauten gegen Zahnschmerzen Klumpen aus Birkenharz.

Seite 66

1 b Nach den Erkenntnissen von Forschern waren die Steinzeitmenschen beim Umgang mit verschiedenen Materialien Experten. Das beste Naturmaterial wählten sie für ihre Geräte. Das harte Grundgestein nutzten die Steinzeitmenschen für robuste Äxte. Das Material und seine Eigenschaften kannten die Menschen vor 5000 Jahren. Die Steinzeitmenschen gingen außerdem intelligent mit ihrer Kleidung um. Die Steinzeitmenschen vermieden starke Hitze und Regen. Sie gingen in der Regel sehr langsam. Sie verausgabten sich auf diese Weise nicht.
c Nach den Erkenntnissen von Forschern waren die Steinzeitmenschen beim Umgang mit verschiedenen Materialien Experten. Für ihre Geräte wählten sie das beste Naturmaterial. Das harte Grundgestein nutzten die Steinzeitmenschen für robuste Äxte. Vor 5000 Jahren kannten die Menschen das Material und seine Eigenschaften. Die Steinzeitmenschen gingen außerdem intelligent mit ihrer Kleidung um. Starke Hitze und Regen vermieden die Steinzeitmenschen. Sie gingen in der Regel sehr langsam. Auf diese Weise verausgabten sie sich nicht.

2 **Beispiellösung:**
a Vor 10 000 Jahren wurden die Menschen sesshaft.
Der Kaugummi ist gar keine Erfindung der Neuzeit.
Schminke kannte man bereits in der Steinzeit.
Die Steinzeitmenschen waren geschickte Handwerker.

b [Die Menschen] [wurden] [vor 10 000 Jahren] [sesshaft].
[Gar keine Erfindung der Neuzeit] [ist] [der Kaugummi].
[In der Steinzeit] [kannte] [man] [bereits] [Schminke].
[Geschickte Handwerker] [waren] [die Steinzeitmenschen].

Seite 67

1 Geheimnisvoll! Forscher verschweigen ihre Entdeckung.
Große Freude! Forscher bejubeln ihre Entdeckung.
Gedächtnisschwund? Forscher vergessen ihre Entdeckung.
Endlich! Forscher verraten ihre Entdeckung.

2 a + b + c **1722 im Südpazifik**
Ein holländischer Kapitän [entdeckte] eine unbekannte Insel.
Eine unbekannte Insel [entdeckte] ein holländischer Kapitän.
Er [sah] riesengroße Steinfiguren.
Riesengroße Steinfiguren [sah] er.
Hunderte Figuren [waren] auf der Insel.
Auf der Insel [waren] hunderte Figuren.
Der Kapitän [staunte] über diese Steinfiguren.
Über diese Steinfiguren [staunte] der Kapitän.

Seite 68

3 a + b
Unbekannte [stellten] Figuren [auf].
Unbekannte [stellten] Figuren auf einer Insel [auf].
Unbekannte [stellten] Figuren auf einer Insel vor langer Zeit [auf].
Unbekannte [stellten] Figuren auf einer Insel vor langer Zeit im Südpazifik [auf].
c Auf einer Insel im Südpazifik [stellten] Unbekannte vor langer Zeit Figuren [auf].

4 Ein holländischer Kapitän legte an einem Ostersonntag an der Insel an. Deshalb hat er sie „Osterinsel“ genannt.
Unter diesem Namen können wir die Insel heute westlich von Chile im Pazifischen Ozean finden. Rätselhafte Steinfiguren hat der Kapitän auf der Insel entdeckt. Bis heute werfen sie viele Fragen auf.
Kein Mensch kann die tonnenschweren Riesen tragen. Außerdem kann man nirgendwo auf der Insel Bäume entdecken.
In der Wissenschaft nimmt man Folgendes an: Vor 1600 Jahren hielten sich Menschen auf der Insel auf.
Im Laufe der Zeit holzten sie den gesamten Baumbestand ab.
Einige Bäume haben sie vielleicht zum Transport der Figuren verwendet.
Möglicherweise stellten die Menschen die Figuren als Grenzmarkierung auf.

Seite 69

1 a + b **Auf Schatzsuche**
Das Forschungsschiff ankert nicht weit entfernt. Durch das tiefblaue Wasser schwimmen bunte Fische. Die beiden Wissenschaftler suchen mit einem Scheinwerfer den Meeresboden ab. Plötzlich entdeckt ein Taucher eine Tonschale. Weitere Gegenstände sind über den Meeresboden verteilt. Über dem Wasser kreist eine Möwe.
c Eine Möwe kreist über dem Wasser.

Seite 70

2 a + b + c
Wer oder was findet eine Tonschale? Ein Taucher findet eine Tonschale.
Wer oder was fliegt über das Meer? Eine Möwe fliegt über das Meer.
Wer oder was schwimmt auf dem Meer? Ein Schiff schwimmt auf dem Meer.
Wer oder was gleitet durch das Wasser? Fische gleiten durch das Wasser.
Wer oder was hält eine Taschenlampe? Ein Taucher hält eine Taschenlampe.
Wer oder was steigt an die Oberfläche? Luftblasen steigen an die Oberfläche.

3 a Wer oder was fand bei einem riesigen Korallenriff nach tagelangem Suchen einen sehr wertvollen Schatz?
b Bei einem riesigen Korallenriff fand [er] nach tagelangem Suchen einen sehr wertvollen Schatz.
c Er fand bei einem riesigen Korallenriff nach tagelangem Suchen einen sehr wertvollen Schatz.

Seite 71

1 a – Er wollte aufspüren. → Wen oder was wollte er aufspüren?
b Der Franzose Franck Goddio ist ein erfahrener Schatztaucher. Auf dem Meeresboden fand er dank seines Spürsinns zahlreiche Schiffswracks. Sein großer Traum aber galt lange Zeit einer versunkenen Stadt. Vor 1500 Jahren soll sie im Meer versunken sein. Seitdem fehlte jede Spur. Die versunkene Stadt Herakleion wollte Franck Goddio unbedingt aufspüren.
c – Franck Goddio fand zahlreiche Schiffswracks.
– Er wollte die versunkene Stadt Herakleion aufspüren.

2 a Bis dahin hatte niemand dem Meer das Geheimnis Herakleions entlockt. Doch Goddio traute seinem Gefühl. Er erklärte seinem Team das Vorhaben. Vor der ägyptischen Küste wollten sie auf die Suche gehen. Goddio war sich sicher, einer richtigen Spur zu folgen.
b Wem erklärte er das Vorhaben?

Seite 72

1 b B Ein Angestellter überreicht den Proviant.
\+ Ein Angestellter überreicht einem Taucher den Proviant.
C Ein Mann beschreibt den Weg.
\+ Ein Mann beschreibt einem anderen Mann den Weg.
D Der Teamleiter erklärt den Tagesablauf.
\+ Der Teamleiter erklärt seinen Mitarbeitern den Tagesablauf.

2 a + b **Hinweis:** Akkusativobjekt, Dativobjekt
Der Teamleiter schickt seiner Familie eine SMS.

Seite 73

1 a + b **Hinweis:** Akkusativobjekte, Dativobjekte
Eine sensationelle Entdeckung
Im Jahr 2000 starteten Franck Goddio und sein Team die Suche nach der alten Stadt Herakleion. Vor der ägyptischen Küste und zehn Meter unter der Wasseroberfläche bemerkten sie plötzlich eine Veränderung auf dem Meeresgrund. Sofort untersuchten sie den Boden und prüften jeden Quadratmeter. Taucher schickten dem Teamleiter Aufnahmen von Steinen, Mauern, Tempelresten und Statuen. Nach langem Suchen entdeckten sie eine Figur, die den alten ägyptischen Nilgott Hapi darstellte. Bald darauf fanden die Taucher auch den berühmten Heraklestempel. Franck Goddio und seinem Team wurde auf einmal bewusst: Sie hatten das berühmte Herakleion entdeckt.

2 **Warum versank Herakleion?**
Franck Goddio schuldete der Öffentlichkeit eine Erklärung.
Vermutlich zerstörte eine Flutwelle den Untergrund.

Seite 74

Texte überarbeiten

2 a + b **Mögliche Lösung:**
(2) Bei der Ausgrabung stieß man auf kleine Zweige.
(4) Die Menschen verwendeten die Zweige vor 5000 Jahren.
(5) Sie reinigten damit ihre Zähne.
c Die erste Zahnbürste der Welt
Bei einer Ausgrabung wurde ein uralter Alltagsgegenstand gefunden. Man stieß bei der Ausgrabung auf kleine Zweige. Die Entdeckung war eine Sensation. Vor 5000 Jahren verwendeten die Menschen die Zweige. Damit reinigten sie ihre Zähne.

3 a Heute kann man Zahnpasta überall kaufen. Heute ist Zahnpasta nichts Besonderes mehr. Schon vor langer Zeit benutzten die Menschen Zahnreinigungsmittel. Schon 4000 v. Chr. gab es eine erste Zahnpasta. Mit Bimsstein und Essig reinigte man die Zähne. Mit diesem Mittel wurden sie besonders sauber.
b Heute kann man Zahnpasta überall kaufen. Zahnpasta ist heute nichts Besonderes mehr. Schon vor langer Zeit benutzten die Menschen Zahnreinigungsmittel. Es gab schon 4000 v. Chr. eine erste Zahnpasta. Mit Bimsstein und Essig reinigte man die Zähne. Sie wurden mit diesem Mittel besonders sauber.

Seite 75

4 **Ein spätes schlechtes Gewissen**
Der Chaco-Canyon ist eine berühmte Touristenattraktion in den USA. ~~Die Touristen-Attraktion~~ Sie zieht jedes Jahr unzählige Touristen an. Hier befinden sich die Ruinen der Pueblo-Indianer. ~~Die Pueblo-Indianer~~ Sie lebten hier vor 750 Jahren. In den Ruinen findet man immer wieder Spuren des alten Volkes. Touristen ~~finden~~ entdecken häufig Tonscherben im Sand. ~~Die Tonscherben~~ Sie nehmen sie oft als Andenken mit nach Hause. Doch seit einiger Zeit plagt viele ein schlechtes Gewissen. Einige versuchen ~~das schlechte Gewissen~~ es loszuwerden und schicken die Scherben per Post zurück. Manche ~~schicken~~ senden auch eine Entschuldigung.

5 a + b **Der gestohlene Inka-Schmuck**

Nach vier Wochen hat ein Dieb den gestohlenen Inka-Schmuck zurückgebracht. ~~Den Dieb~~ Ihn plagte nach der Tat ein schlechtes Gewissen. Der Dieb hatte als Fahrer für ein Ausgrabungsteam gearbeitet. Mit einem Generalschlüssel war es ~~dem Dieb~~ ihm gelungen, in den Raum mit den Fundstücken zu gelangen. Dort hatte ~~der Dieb~~ er den Schmuck gestohlen. Weil ~~der Dieb~~ er nicht wusste, wo er den Schmuck verstecken sollte, legte er ihn wieder zurück. Als der Forschungsleiter den Fahrer auf den Diebstahl ansprach, gab ~~der Dieb~~ er die Tat zu.

Seite 76

Teste dich! – Satzglieder

Insgesamt zu erreichende Punktzahl: **37 Punkte**

1 a Für jeden richtig umgestellten Satz gibt es einen Punkt. — 2 Punkte
(2) Dem Gast brachte der Kellner eine große Portion Nudeln.
(3) Eine große Portion Nudeln brachte der Kellner dem Gast.
b +c Für jedes richtig bestimmte Satzglied gibt es einen Punkt. — 8 Punkte
Für den richtig markierten Satz gibt es einen Punkt. — 1 Punkt
Hinweis: das Subjekt, das Prädikat, das Akkusativobjekt, das Dativobjekt
(2) Dem Gast brachte der Kellner eine große Portion Nudeln. (X)
(3) Eine große Portion Nudeln brachte der Kellner dem Gast.
d Für jede richtig eingesetzte Zahl gibt es einen Punkt. — 2 Punkte
Der Satz hat neun Wörter und vier Satzglieder.

2 a Für die richtige Umformulierung gibt es einen Punkt. — 1 Punkt
Jemand erfand dein Lieblingsessen.
b Für jedes sinnvoll eingesetzte Satzglied gibt es einen Punkt. — 2 Punkte
Jemand erfand vielleicht vor langer Zeit dein Lieblingsessen.

3 a Für jeden vollständig richtig untersuchten Satz gibt es einen Punkt. — 8 Punkte
Hinweis: das Subjekt, das Prädikat, das Akkusativobjekt, das Dativobjekt
(1) Nudeln schmecken vielen Menschen. (2) Haben Chinesen die Teigwaren erfunden? (3) Seit Kurzem hat man Gewissheit. (4) Ein chinesisches Forscherteam machte einen sensationellen Fund. (5) Es fand 4000 Jahre alte Steinzeitspaghetti. (6) Die Reste zerfielen den Forschern. (7) Trotzdem entdeckten sie ein paar Besonderheiten. (8) Die Steinzeitmenschen verwendeten eine bestimmte Getreidesorte.
b Für die richtig gestellte Frage gibt es einen Punkt. — 1 Punkt
Wem zerfielen die Reste?

Seite 77

4 Für den vollständig richtig formulierten Satz gibt es einen Punkt. — 1 Punkt
Die Großmutter kauft dem Enkelkind eine Portion Pommes.

5 a + b Für jeden vollständig richtig untersuchten Satz gibt es einen Punkt. — 4 Punkte
A In Belgien herrschte 1680 ein strenger Winter. In ganz Belgien froren [Flüsse und Seen] zu. Die Belgier aßen gern kleine frittierte Fische. Die Belgier konnten [in diesem Winter] keine Fische fangen.
c Für den vollständig richtig formulierten Text gibt es je Satz einen Punkt. — 4 Punkte
In Belgien herrschte 1680 ein strenger Winter. Flüsse und Seen froren in ganz Belgien zu.
Die Belgier aßen gern kleine frittierte Fische. In diesem Winter konnten die Belgier keine Fische fangen.
d Für den vollständig richtig formulierten Text gibt es je Satz einen Punkt. — 3 Punkte
B Die Belgier frittierten in diesem Winter Kartoffeln. Sie schnitten die Kartoffeln in längliche Stücke und brieten sie in heißem Fett. Von Belgien aus verbreiteten sich die Pommes auf der ganzen Welt.

Rechtschreibung

Seite 78

Rechtschreibstrategien anwenden – Fehler vermeiden

2 b I wie Ida, J wie Julius, K wie Kaufmann, L wie Ludwig, M wie Martha, N wie Nordpol, O wie Otto, Ö wie Ökonom, P wie Paula, Q wie Quelle, R wie Richard, S wie Samuel, Sch wie Schule, T wie Theodor, U wie Ulrich, Ü wie Übermut, V wie Viktor, W wie Wilhelm, X wie Xanthippe, Y wie Ypsilon, Z wie Zacharias

Seite 79

1 a + b Gei gen bo gen ma te ri al Ge mü se sup pe Ge wit ter wol ken tür me

Win ter man tel kra gen Kat zen an gel bas tel an lei tung Ba na nen stau den

2 Pi ra ten hut fe der (6 Silben) Ka mel ka ra wa ne (6) Scho ko la den ni ko laus (7) Hun de schlit ten ren nen (6)

3 b Badeanzüge, Wunderkerzen, Hundeschlitten, Melonenkernweitspucker

c Btterdosendeckel Sommergewtter Wintergemse Kischkuchen

But ter do sen dec kel Som mer ge wit ter Win ter ge mü se Kirsch ku chen

d Butterdosendeckel Sommergewitter Wintergemüse Kirschkuchen

Seite 80

1 a Spat zen, Sport, Spa ten, Spu cke, Spei se, Spu ren star ten, ste hen, stei gen, stel len, sti cheln, stau ben

b + c

die Spatzen der Sport der Spaten die Spucke die Speise die Spuren	starten stehen steigen stellen sticheln stauben
Man spricht schp. Man schreibt sp.	Man spricht scht. Man schreibt st.

2 b quer, bequem, Aquarium, Quatsch, Qualle, Quark

c Man spricht kw, aber man schreibt qu.

3 Wörter mit **sp**, z. B.: Sport, sparen, Spatz, spazieren, spät; Wörter mit **st**, z. B.: stur, starr, stolpern, stoßen, stark; Wörter mit **qu**, z. B.: quer, Qual, Qualm, quatschen, quaken

4 Quellwasser (Z. 1), Quarkkuchen (Z. 2), Querdenker (Z. 3), Magerquark (Z. 4), Feuerqualle (Z. 5), Quersumme (Z. 6), Quecksilber (Z. 7), Flussquelle (Z. 8), Quallenarten (Z. 9), Quatschkopf (Z. 10)

Seite 81

1 a + b

der Freun**d** – die Freunde; das Gra**b** – die Gräber; das Lo**b** – loben; der Ta**g** – die Tage; lie**b** – lieber; der Zu**g** – die Züge;

lü**g**t – lügen; gi**b**t – geben; le**b**t – leben; sie**g**t – siegen; run**d** – runder; die Wan**d** – die Wände

c **Wörter die man schwingen kann (man hört alles)**: der Graben, loben, die Tage

Wörter, die man verlängern muss: das Grab, das Lob, der Tag, lieb, der Zug, lügt, gibt, lebt, siegt, rund, die Wand

d **Wörter mit *b* am Ende:** das Grab – die Gräber; das Lob – loben; lieb – lieben

Wörter mit *d* am Ende: der Freund – die Freunde; rund – runder; die Runde; die Wand – die Wände

Wörter mit *g* am Ende: der Tag – die Tage; der Zug – die Züge

2 a Der Zug zog tausend Tonnen Sand zum Strand.

Er band ein Band um das Bild und hängte es damit an den Nagel in der Wand.

Der Blitz tobt hell und grell leuchtend über das Land.

b der Zug – die Züge, zog – zogen, tausend – tausende, der Sand – sandig, der Strand – die Strände, band – banden, das Band – die Bänder, das Bild – die Bilder, die Wand – die Wände, tobt – toben, hell – heller, grell – greller, leuchtend – leuchtender, das Land – die Länder

Seite 82

1 a + b + c

Wörter mit b	Wörter mit d	Wörter mit g
der Erwerb – erwerben	der Kamerad – die Kameraden	farbig – farbiger
der Betrieb – die Betriebe	der Bescheid – die Bescheide	der Anzug – die Anzüge
der Urlaub – der Urlauber	der Verband – die Verbände	der Betrug – der Betrüger

d Die Problemstellen befinden sich alle am Wortende.

2 a + b 1 schlägt – schlagen, 2 fragt – fragen, 3 gräbt – graben, 4 trabt – traben, 5 webt – weben, 6 sagt – sagen, 7 hebt – heben, 8 folgt – folgen, 9 lebt – leben, 10 jagt – jagen

3 hebt, erfolgt, spannend, elend, kalt, der Wald, lieb, bewölkt, gespannt, intelligent

Seite 83

1 der Wolkenhimmel, die Sonnenhitze, der Regenbogen, die Sommerblumen, die Tomatensuppe, die Spargelstange, die Sonnenblume, die Kürbiskerne

2 a + b
die Hand|tasche – die Hände; die Wand|schränke – die Wände; die Stand|bilder – die Stände;
der Strand|hafer – die Strände; das Korb|material – die Körbe; der Rand|streifen – die Ränder;
die Berg|spitze – die Berge; der Zug|führer – die Züge; die Band|scheibe – die Bänder

3 **Richtig ist:**
Die Verlängerungswörter befinden sich im blauen Koffer links.
Der Artikel der zusammengesetzten Wörter richtet sich immer nach dem hinteren Wort.

4 Mondfinsternis, Abendstern, Brillenrand, Handballtor, der Klugredner

Seite 84

5 a Ein Glaubtier ist ein Tier, das es gar nicht gibt. Manche Menschen glauben allerdings an dieses Tier.
b + c + d
Raub|tier – denn: rauben, das Nil|pferd – denn: die Pferde,
das Schnaub|tier – denn: schnauben; Staub|tier – denn: stauben,
das Schraub|tier – denn: schrauben; Glaub|tier – denn: glauben

6 a Liebes Tagebuch,
wir sind zwar erst seit den Sommerferien in der neuen Schule, aber schon sind wir im **Schullandheim** im Sauerland gelandet. Wenn doch nur die **endlos** langen Wanderungen nicht wären! Für mich als **Flachlandbewohner** sind das immer gleich richtige **Bergwanderungen**. Ich habe schon Muskelkater.
Aber heute war es gut. Wir sind zur Mühlenkopfschanze nach Willingen gelaufen und durften auch hoch. Natürlich nicht auf die Schanze selbst, aber wie die **Pfadfinder** konnten wir uns einen Zickzack-**Waldweg** erklettern. Oben kann einem schon schwindlig werden. Dass die Skispringer da freiwillig herunterspringen, ist **unglaublich**.
Anschließend konnten wir mit dem Sessellift in den Ort fahren und das **Schwimmbad** besuchen. Vorher jedoch sind wir in einen solchen Regenguss gekommen, dass wir alle pudelnass waren und unsere Lehrer uns von einem Reisebus abholen lassen mussten. An dem Tag gab es keine Wanderung mehr!

b Schul land heim – die Länder; end los – das Ende; Flach land bewohner – die Länder; Berg wanderungen – die Berge;
Pfad finder – die Pfade; Wald weg – die Wälder, die Wege; un glaub lich – glauben; Schwimm bad – die Bäder

Seite 85

1 bellen – aber: die Bälle, denn: der Ball die Zeugen – aber: die Zäune, denn: der Zaun

bessern – aber: wässern, denn: das Wasser heute – aber: die Häute, denn: die Haut

die Kelten – aber: die Kälte, denn: kalt beugen – aber säugen, denn: saugen

2 die Häuser, das Häuschen, die Häuserzeile; die Mäuse, das Mäuschen, der Mäusebussard; die Kräfte, kräftig, kräftezehrend; die Räume, räumlich; die Gläser, das Gläschen, gläsern; die Träume, träumerisch, der Tagträumer

3 das Fläschchen, das Täschchen, das Ärmchen, das Bähnchen, das Häubchen, das Gäbelchen, das Bächlein, das Lämmchen/ das Lämmlein, das Zähnchen, das Zäunchen, das Händchen, das Spätzchen

Seite 86

4 **Waagerecht:** 1 Fäuste, 2 Bäuerin, 3 Käuzchen, 4 Mäuerchen, 5 Träume, 6 Läuse, 7 häufig, 8 Däumchen, 9 Pfläumchen
Senkrecht: säuerlich

5 a Ein ältlicher Papagei saß auf der Stange und krächzte so laut, dass man es in allen Räumen des Häuschens hören konnte. Das Geräusch hallte länger in den Ohren, als einem lieb war. Keiner in der Familie konnte das Krächzen abstellen, der Vogel war einfach ungezähmt. Das regte auch die Nachbarn auf, die kein Verständnis für das ungezogene, freche Tier hatten. Dass der Vogel auch die nächtliche Ruhe störte, war für sie unerträglich. Alle waren froh, wenn der Vogel die wenigen Sätze sprach, die er gelernt hatte. Das kam leider nicht häufig vor. Das war schade, denn zur Freude aller schlief der Vogel dabei regelmäßig ein. Dann gab es ein Päuschen für Ohren und Nerven.

b ältlich, denn: alt; krächzte, denn: der Krach; Räume, denn: der Raum; Häuschen, denn: das Haus; Geräusch, denn: rauschen; länger, denn: lange; das Krächzen, denn: der Krach; ungezähmt, denn: zahm; Verständnis, denn: der Verstand; nächtlich, denn: die Nacht; unerträglich, denn: ertragen, Sätze, denn: der Satz; häufig, denn: der Haufen; regelmäßig, denn: das Maß; Päuschen, denn: die Pause

Seite 87

1 a

A	B	C	D	E	F	G	H	I	J	K	L	M
N	O	P	Q	R	S	T	U	V	W	X	Y	Z

b Xenia, Anorak, König, Halstuch, Interesse, Jürgen, Opfer, Diplom, China, Einladung, Gurke, Familie, Minute, Zukunft, Notenheft, vorher, Pferde, Quark, Wetter, Sahara, Trickdieb, Reiseziel, Bogen, Untersatz, Leiter, Yacht

c der Anorak, der Bogen, China, das Diplom, die Einladung, die Familie, die Gurke, das Halstuch, das Interesse, Jürgen, der König, die Leiter, die Minute, das Notenheft, das Opfer, die Pferde, der Quark, das Reiseziel, die Sahara, der Trickdieb, der Untersatz, vorher, das Wetter, Xenia, die Yacht, die Zukunft

2 1 auffressen, 2 aufgeben, 3 aufgehen, 4 aufhebeln, 5 aufheben, 6 aufklappen, 7 aufklären, 8 aufknacken

Seite 88

1 a Länge; Tischplatte gelegt; Aufgabe; richtig; unnötig; stelle; Messer; Löffel; wären; Stromkreis; Tischkante; zwischen; muss; kann; gestellt; Holzbrett; Gläser; Glasrand

b

2 A Schwingen: Tischplatte, Aufgabe, stelle, Messer, Löffel, Tischkante, zwischen

B Verlängern: gelegt, denn: legen; richtig, denn: richtiger; unnötig, denn: unnötiger; Stromkreis, denn: Stromkreise; muss, denn: müssen; kann, denn: können; Holzbrett, denn: Bretter; Glasrand, denn: Ränder

C Ableiten: Länge, denn: lang; wären, denn: war; Gläser, denn: Glas

Seite 89

Teste dich! – Strategien anwenden

Insgesamt zu erreichende Punktzahl: **47 Punkte**

1 Sommerfrische Überlebenskünstler Sporterereignisse — 6 Punkte
Schülerversammlung Schlafzimmerleselampe Wintersternenbilder

2 **b/p:** der Urlaub der Raub der Stab das Grab der Leib das Sieb
d/t: die Landschaft niemand hundert tausend rund gesund — 18 Punkte
g/k: der Umzug der Anorak witzig die Meldung traurig der Anzug

3 die Hand|tasche das Blick|feld die Kunst|stoff|puppe die Schreib|tisch|schub|lade 12 Punkte

die Anzug|hose der Roll|laden der Brumm|kreisel der Schnell|zug

4 a + b **fällig**, denn: fallen; **prächtig**, denn: die Pracht; **glänzen**, denn: der Glanz; **schwärmen**; denn: der Schwarm; 11 Punkte

die **Hände**, denn: die Hand; **gräulich**, denn: grau; **bläulich**, denn: blau; die **Wildsäue**, denn: die Sau;

das **Käuzchen**, denn: der Kauz; die **Geräusche**, denn: rauschen; die **Kopfläuse**, denn: die Laus

Seite 90

Regeln zum Rechtschreiben – Auf Nummer sicher

1 **Hinweis: Geschlossene Silben** sind fett gedruckt, offene Silben sind normal gedruckt.

ta tü ta ta la la **lum** la la la **sum sum** si
la li la lu si sa **sam** su si so **brum brum** ba

2 a **Hinweis: Geschlossene Silben** sind fett gedruckt, offene Silben sind normal gedruckt.

Wol Le **Wol** **Nel** Ne **Kis** Mau Lei **er** **bel** ke ke le te **ter** **der**
rei **pflan** rei mei **mer** strei **wol** **war** **len** **ten** **ken** **nen** **ten** **sen** **zen** **ten**

b + c

A Erste Silbe offen: Leder, Nebel, Mauer, Leiter, reisen, reiten, meinen, streiten, Eva, Jonas, Robin, Hakan
B Erste Silbe geschlossen: Wolke, Wolle, Nelke, Kiste, pflanzen, merken, wollen, warten, Pascal, Sonja, Britta

3 Wenn die Silbe offen ist, spricht man den Vokal lang.
Wenn die Silbe geschlossen ist, spricht man den Vokal kurz.

Seite 91

1 a A der V**o** **k**al, der K**ö** **n**ig, der B**o** **g**en, schr**ei** **b**en
der N**e** **b**el, die R**ei** **s**e, die F**eu** **er**, die T**ei** **l**e

B d**op** **p**elt, schw**im** **m**en, r**en** **n**en, r**et** **t**en, der H**im** **m**el,
die St**im** **m**e, das Z**im** **m**er, die N**um** **m**er

b A Man schreibt keine doppelten Konsonanten, wenn die erste Silbe offen ist.
B Man schreibt doppelte Konsonanten, wenn die erste Silbe geschlossen ist.

2 a die Si**l** **b**e, die Gre**n** **z**e, die Pu**n** **k**te, schwi**n** **g**en,
die Mo**n** **d**e, die Stü**r** **m**e, die Ste**r** **n**e, der Mo**r** **g**en

be**l** **l**en, sti**m** **m**en, wo**l** **l**en, kö**n** **n**en,
die So**n** **n**e, der Hi**m** **m**el, die To**n** **n**e, die Bri**l** **l**e

b Man schreibt doppelte Konsonanten, wenn die erste Silbe geschlossen ist und man an der Silbengrenze nur einen Konsonanten hört.

3 a schme**c** **k**en, gu**c** **k**en, die Ba**c** **k**e, tro**c** **k**en set **z**en, sit **z**en, put **z**en, plat **z**en
b Man spricht *k*, aber man schreibt *ck*. Man spricht *z*, aber man schreibt *tz*.

Seite 92

4 **m/mm:** kommt – kom men; summt – sum men; bremst – brem sen
n/nn: nennt – nen nen; brennt – bren nen; meint – mei nen
l/ll: bellt – bel len; fällt – fal len; hält – hal ten

5 er woll[te] – wir wol len; er soll[te] – wir sol len; er bell[te] – sie bel len
er bestimm[te] – wir bestim men; er pflanz[te] – wir pflan zen; er schell[te] – wir schel len

6 a

Erste Silbe offen	Erste Silbe geschlossen	
	Zwei verschiedene Konsonanten	**Zwei gleiche Konsonanten**
Schafe, Tauben, fliegen, Ziegen, Stare, Schmausen	Enten, lernen, Alten, Jungen	schnattern, flattern, Lämmer, plappern, klappern

b Die Enten lernen schnattern,
die Fledermäuse flattern,
die Hähne lernen krähen,
die Schafe und Lämmer bäen,
die Tauben lernen fliegen,
es meckern alle Ziegen.

Die Stare lernen plappern,
die jungen Störche klappern,
das Mausen und Haschen lernt's Kätzchen,
das Schmausen und Naschen das Spätzchen.
Die Alten zeigen, wie sie's gemacht,
die Jungen folgen und geben Acht
und machen es dann selber.

Seite 93

1 a + b **Hinweis:** w. 1 heißt waagerecht, 1. Zeile; s. 1 heißt senkrecht, 1. Spalte u. s. w.

aa: die Waage (w. 11), das Paar (w. 10), die Saat (s. 5), der Saal (s. 4), das Haar (s. 11), der Aal (s. 2), das Aas (w. 13)

oo: das Moos (w. 1), das Boot (w. 12), doof (w. 4), das Moor (s. 5), der Zoo (w. 13)

ee: der Schnee (w. 3), der Kaffee (s. 14), die Beere (w. 6), die Armee (w. 3), die Seele (s. 1), das Beet (s. 10), der Klee (w. 3), das Heer (w. 8), der Teer (s. 15), der Tee (w. 5), der See (s. 7), die Fee (s. 3)

Seite 94

1 a sprit zen wic keln sie gen schimp fen bin den wie gen krie chen krie gen sin gen sie ben

b + c **Wörter mit *i***
spritzen, wickeln, schimpfen, binden, singen
Die erste Silbe ist geschlossen. Sie endet mit einem Konsonanten.

Wörter mit *ie*
siegen, wiegen, kriechen, kriegen, sieben
Die erste Silbe ist offen. Sie endet mit einem Vokal.

2 er friert – denn: frieren; er riecht – denn: riechen er zieht – denn: ziehen; ihr wisst – denn: wissen

3 das Ziel|fernrohr – denn: zielen das Schließ|fach – denn: schließen das Kirchen|lied – denn: die Kirche und die Lieder

der Schieß|stand – denn: schießen der Richter – denn: richten das Zier|fisch|becken – denn: zieren und die Fische

Seite 95

4 lieblich – denn: lieben richtig – denn: richten gierig – denn: gieren

biegsam – denn: biegen schließlich – denn: schließen wirklich – denn: wirken

5 a + b **Hinweis:** Wörter, die du verlängern musst sind im Text unterstrichen.

Schneewittchen, ein liebes und schönes Königskind, wurde von der fiesen Königin ziemlich schlecht behandelt, denn sie war eifersüchtig auf die Schönheit des Kindes. Der Jäger sollte das Mädchen töten. Als Beweis wollte die Königin die Leber und das Herz des Mädchens haben. Der Jäger hatte aber Mitleid mit dem Kind und ließ es frei. Es rettete sich zu den sieben Zwergen hinter den sieben Bergen. Die Zwerge waren sehr lieb zu ihm.

In der Zwischenzeit befragte die Königin ihren Spiegel, wer denn die Schönste im Lande sei. Der Spiegel verriet ihr, dass Schneewittchen noch lebte, denn sie sei die Schönste. Da nahm die Königin die Dinge selbst in die Hand. Sie ging los, um ihre Stieftochter eigenhändig zu vernichten.
Ob es ihr gelang? Natürlich nicht. Aber wisst ihr, wie das liebe Kind gerettet wurde? Wenn nicht, müsst ihr es euch erzählen lassen oder das Märchen lesen.

Seite 96

1 a er fährt der dreht die Bahn er zahlt er steht zehn es blüht es zählt

b **Man hört das *h*:** drehen, stehen, blühen
Man hört das *h* nicht: fahren, die Bahnen, zahlen, zehn, zählen

c **Die richtigen Antworten sind:**
Das *h* steht nur dann, wenn die erste Silbe offen ist. Das *h*, das man nicht hörbar machen kann, steht zum Ende der ersten Silbe. Das *h*, das man hörbar machen kann, steht zu Beginn der zweiten Silbe.

2 a der Hahn
b Gustav Falke

Zwiegespräch

„Guten Morgen, Fräulein Huhn!"

„Guten Morgen, Herr Hahn!"
„Was gedenken Sie zu tun?"

„Das geht Sie nichts an."
„Wollen wir nicht etwas promenieren?"
„Danke, ich kann allein spazieren."

„Sie haben heute nicht gut geruht?

Oder macht's Ihnen böses Blut,
Dass Sie noch keinen Regenwurm fanden?"
„Offen gestanden,
Ich finde, Sie sind sehr aufdringlich, Sie!"
„Dumme Gans! Kikeriki."

Seite 97

1 a + b

Wörter mit *s*	**Wörter mit *ß***
le sen, gra sen, to sen, krei sen, wei sen, lo sen, dö sen, gra sen, bla sen	hei ßen, spa ßen, schie ßen, sto ßen, rei ßen, gie ßen, flie ßen, spie ßen
Die erste Silbe ist offen. Das *s* spricht man summend (stimmhaft).	Die erste Silbe ist offen. Das *ß* spricht man zischend (stimmlos).

2 Formen, die in den Sätzen vorkommen müssen, sind: fließt, lost, gießt, kreist.

Seite 98

3 der Fuß|abdruck – denn: die Füße
der Reiß|wolf – denn: reißen
das Schweiß|band – denn: schweißen
das Spaß|bad – denn: spaßen
die Glas|scherbe – denn: die Gläser
die Kreis|läufer – denn: die Kreise

4 die Gießkanne – denn: gießen
das Häschen – denn: der Hase
die Stoßrichtung – denn: stoßen
die Fließrichtung – denn: fließen
das Maßband – denn: die Maße
das Gläschen – denn: die Gläser
das Fußgelenk – denn: die Füße
das Losglück – denn: die Lose

5 a Zeile 2: aus, falls; Z. 3: es; Z. 4: Amazonas; Z. 5: Mais; Z. 6: irgendwas; Z. 7: niemals; Z. 8: bis, anders; Z. 9: alles; Z. 10: als, das; Z. 11: etwas
b Diese Wörter können nicht verlängert werden, also werden sie mit einfachem *s* geschrieben.

Seite 99

1 a **Hinweis: geschlossene Silben**, offene Silben
die Grü ße die **Bis** se au ßen **pas** sen die **Ris** se rei ßen drau ßen **wis** sen So ße

b

Wörter mit *ss*	**Wörter mit *ß***
die Bisse passen die Risse wissen	die Grüße außen reißen draußen Soße
Die erste Silbe ist geschlossen. Das *ss* spricht man zischend (stimmlos).	Die erste Silbe ist offen. Das *ß* spricht man zischend (stimmlos).

2 der Gruß – denn: grüßen
der Stoß – denn: die Stöße
der Riss – denn: die Risse
der Kuss – denn: küssen
das Schloss – denn: die Schlösser
der Genuss – denn: die Genüsse

3 Fischer, die mit Flößen auf Flüssen fahren, sind fischende Flussfloßfahrer.
Flüsse, in denen Floßfischer fischen können, sind Floßflussflüsse.
Fische, die die Floßfahrer in den Flüssen fischen, sind keine Floßfische, sondern Floßflussfische.

Seite 100

1

Wörter mit *ss*	**Wörter mit *ß***
die Schüs se die Schlüs se die Ris se die Bis se mes sen	schie ßen schlie ßen rei ßen bei ßen die Ma ße
Die erste Silbe ist geschlossen. Man spricht das *ss* zischend (stimmlos).	Die erste Silbe ist offen. Man spricht das *ß* zischend (stimmlos).

2

	Gegenwart (Präsens)	Vergangenheit (Präteritum)
gießen	Er gießt die Blumen. – denn: wir gießen	Er goss die Blumen. – denn: wir gossen
schließen	Er schließt die Tür. – denn: wir schließen	Sie schloss die Tür. – denn: wir schlossen
fließen	Der Fluss fließt langsam. – denn: wir fließen	Er floss langsam. – denn: wir flossen
beißen	Er beißt in das Brötchen. – denn: wir beißen	Er biss in das Brötchen. denn: wir bissen
zerreißen	Er zerreißt das Papier. – denn: wir zerreißen	Er zerriss das Papier. – denn: wir zerrissen

3 a + b **Hinweis:** Die Verlängerungsstellen sind unterstrichen.
Die Blumen freuen sich über den Wasserguss aus der Gießkanne.
Bei dem heißen Wetter genießen viele Menschen draußen ein Eis und schlecken es genüsslich.
Die fließenden Gebirgsflüsse erfrischen beim Wandern, wenn man die Hände darin nass macht.
Ein schöner Abschluss ist ein Grillfest im Garten, mit dem man den Tag gemütlich beschließen kann.

Seite 101

Teste dich! – Die s-Schreibung

Insgesamt zu erreichende Punktzahl: 40 Punkte

1 Für jedes richtig eingesetzte Wort gibt es einen Punkt. 14 Punkte
Erste Silbe offen: die Klei der, die Ho sen, die Schu he, die Blu se, die Fü ße, die Ze hen
Erste Silbe geschlossen: die Röc ke, die Bril le, die Müt ze, die Köp fe, die Ar me, die Mün der, die Hän de, die Häl se

2 Wenn die erste Silbe offen ist, stehen an der Silbengrenze ein Vokal und ein Konsonant. 3 Punkte
Wenn die erste Silbe geschlossen ist, stehen an der Silbengrenze zwei Konsonanten.
Wenn die erste Silbe geschlossen ist, wird der Konsonant verdoppelt, wenn nicht zwei verschiedene Konsonanten an der Silbengrenze stehen.

3 Haselnüsse gehören zu den gesunden Nahrungsmitteln. Leider haben sie eine harte äußere Schale, weshalb man nicht einfach in sie hineinbeißen kann. Gut, dass es den Nussknacker gibt. Ohne ihn müsste man sich ziemlich quälen, um an die Nuss zu kommen: Mit einem Messer hätte man keine Chance, mit einem Hammer würde man meistens am Schluss nur Mus erzeugen, und dann würde das Nüsseknacken keinen Spaß machen. 15 Punkte

4 Im Sommer will meine Mutter, dass ich die Blumen im Garten gieße. Besser wäre es, wenn die Kaninchen die Blumen abfressen würden, denn dann bräuchte ich nicht so viel zu wässern. Weil ich aber zuverlässig bin, mache ich die Blumen ziemlich nass. Und den Füßen tut die Nässe bei der Hitze auch gut. 8 Punkte

Seite 102

Groß- und Kleinschreibung – Das riesige Riesenrad

2 Es sind 7 Satzanfänge.

3 a

das Riesenrad (3 x)	die Tage	die Kilometer	die Leute
die Schlange	die Gondeln (2 x)	die Türen	der Lärm
die Stadt	das Glas	der Stahl	das Rad (2 x)
die Schwerkraft	die Position	die Umdrehung	die Stunde

b + c Siobhan Dowd: **Der Junge, der sich in Luft auflöste**
Was ich in London am allerliebsten mache, ist mit dem Riesenrad zu fahren. An klaren Tagen kann man von dort oben vierzig Kilometer weit in jede Richtung gucken, weil man im höchsten Riesenrad sitzt, das je gebaut wurde. Man wird zusammen mit den Leuten, die neben einem in der Schlange standen, in eine der zweiunddreißig Gondeln eingeschlossen, und wenn die Türen dann zu sind, ist vom Lärm der Stadt überhaupt nichts mehr zu hören. Langsam steigt man höher. Die Gondeln sind aus Glas und Stahl und befinden sich außerhalb des Rades. Und während sich das Rad dreht, bleiben sie mit Hilfe der Schwerkraft in einer senkrechten Position. Eine vollständige Umdrehung des Riesenrads dauert eine halbe Stunde.

d Vor Nomen können auch andere Begleiter als der Artikel stehen.

Seite 103

1 a Beispiel: **Artikelprobe:** die Spielzeugstadt, die Straßen, die Bewegung, die Themse, das Zweitbeste, die Speichen, das Riesenrad, die Art, das Rad, das Fahrrad, der Rahmen
Adjektivprobe: höchster Punkt, großes London, schnelle Autos, runde Perlen, breite Themse, dicke Drahtseile, freitragende Konstruktion, blauer Himmel, A-förmiger Rahmen

b **Hinweis:** Nomen sind im Text unterstrichen.
„Oben vom höchsten Punkt aus sieht London aus wie eine Spielzeugstadt", sagt Mum, „und die Autos unten auf den Straßen wie Perlen, die sich hin- und herschieben, innehalten und sich wieder in Bewegung setzen." Ich finde, London sieht aus wie London, die Autos sehen aus wie Autos, nur eben kleiner.
Am tollsten ist es, von dort oben auf die Themse zu schauen. Man sieht, wie sie sich windet und schlängelt, aber wenn man unten ist, kommt es einem so vor, als sei sie gerade.
Das Zweitbeste, was man sich anschauen kann, sind die Speichen und Drahtseile des Riesenrads. Man blickt auf die weltweit einzige freitragende Konstruktion dieser Art. Es sieht aus wie das Rad eines gigantischen Fahrrads, das in den Himmel hinaufragt, gehalten von einem riesigen A-förmigen Rahmen.

2 a + b Interessant ist auch, die beiden Nachbargondeln zu beobachten. Man sieht fremde Leute, die hinausgucken, genau wie man selbst. Die höher hängende Gondel wird zur tiefer hängenden Gondel und umgekehrt. Man muss die Augen schließen, weil einem so ein komisches Gefühl die Speiseröhre raufkriecht. Und man ist froh, dass die Bewegung so sanft und langsam ist.
Und schließlich sinkt die eigene Gondel und man ist traurig, weil man nicht möchte, dass die Fahrt endet. Man möchte am liebsten noch eine Runde drehen, aber das ist nicht erlaubt. Also steigt man aus und fühlt sich wie ein Astronaut, der gerade aus dem Weltall zurückkehrt und ein bisschen leichter ist als vorher.
c fremde Leute; höher hängende Gondel; tiefer hängende Gondel; komisches Gefühl; eigene Gondel
d Beispiel: eine Gondel, zwei/mehrere Gondeln; ein Auge, zwei/viele Augen; eine Fahrt, zwei/viele Fahrten; ein Astronaut, zwei/viele Astronauten

Seite 104

1 In dem Sachtext geht es um die Größe und das Aussehen von Londons Riesenrad.

2 **London Eye – Das riesige Riesenrad in der Hauptstadt Englands**
Das Riesenrad „London Eye" ist die Touristenattraktion in London. Nicht nur die Aussicht über die Stadt macht den Reiz einer Fahrt aus, sondern auch die Fahrt an sich wird zu einem Erlebnis. Natürlich ist das London Eye *kein Riesenrad*, wie man es von einem Jahrmarkt kennt. Nicht nur in der Größe übertrumpft es *alle Kirmes-Anlagen*, sondern vor allem die Ausstattung macht den Unterschied. *32 Gondeln*, fast vollständig aus Glas geformt, bieten je Platz für bis zu *25 Personen*. Vollklimatisiert bieten sie den höchsten Komfort und bewegen sich mit *0,26 Metern* in der Sekunde um die Achse.
Das Riesenrad hält bis auf *wenige Ausnahmen* nie an und der Ein- und Ausstieg erfolgt während der Fahrt.
Der Kampf der Superlative macht auch vor Riesenrädern nicht halt. Bis 2009 war das London Eye mit seinen *135 Metern* Höhe das höchste Riesenrad der Welt. Doch asiatische Länder nahmen den Kampf auf, übertrumpften sich gegenseitig und so steht heute in Singapur mit *160 Metern* das höchste Exemplar der Welt!
a Nomen, die von ihrem Artikel begleitet werden, sind im Text umrahmt.
b Nomen, die von einer Zahl/einem Zahlwort begleitet werden, sind *schräg* gestellt.
c Nomen, die von einem Adjektiv begleitet werden, sind unterstrichen.
d Beispiel: das (schöne) Erlebnis, der (große) Jahrmarkt, das (zerbrechliche) Glas, der (freie) Platz, den (gigantischen) Riesenrädern, die (schwindelnde) Höhe

Seite 105

1 **-ung:** die Rechnung, die Überredung, die Handlung, die Empfindung
-heit: die Offenheit, die Klarheit, die Gemeinheit, die Entschiedenheit
-keit: die Heiterkeit, die Tapferkeit, die Bitterkeit, die Wirklichkeit

2 a + b + c
Wenn man für etwas bezahlt wird, schreibt man eine Rechnung.
Die Witze der Schüler sorgen nicht immer für Heiterkeit bei den Lehrern.
Freunde sollten für Offenheit und Unterstützung sorgen und die Gemeinheit in der Gemeinschaft vermeiden.

Seite 106

4 **-nis:** das Hindernis, die Finsternis, das Erlebnis, das Zeugnis
-schaft: die Patenschaft, die Kundschaft, die Wissenschaft, die Gemeinschaft
-tum: das Brauchtum, das Eigentum, das Wachstum, das Heiligtum

5 **Wörter waagerecht:** Reichtum, Schusseligkeit, Klugheit, Dummheit, Geschwindigkeit, Ausgrabung, Ereignis, Ergebnis, Gefangenschaft, Freundschaft, Förderung
Wort senkrecht: Eigentum

6 a + b Die Fußballmannschaften hatten bei der Dunkelheit große Schwierigkeiten, das Tor zu treffen.
Wenn es Zeugnisse gibt, endet in vielen Familien die Heiterkeit am Mittagstisch.
Der Besuch beim Zahnarzt erfordert große Überredung durch die Eltern, aber auch Tapferkeit beim Kind.

Seite 107

Teste dich! – Groß- oder Kleinschreibung?

Insgesamt zu erreichende Punktzahl: 64 Punkte

1 der Anwalt, die Bauern, der Computer, der Doppelname, der Elefant, die Feder, der Garten, die Hilfe, die Industrie, die Jugend, der Kojote, die Limonade, die Mitternacht, der Oktober, die Polizei, der Quark, die Reise, das Schlaraffenland — 18 Punkte

2 das Gold, der Golf, die Gondel; das Hirn, der Hirsch, der Hirte, die Hitze; die Kleidung, die Kleinarbeit, die Katze; das Klima, die Klingel, die Klinik — 13 Punkte

3 — 33 Punkte

Ob im Wasser, hoch in den Bergen, im Eis oder in der Wüste: überall auf der Erde leben Tiere. Und natürlich
das Wasser die Berge das Eis die Wüste, die Erde, viele Tiere

bekommen sie auch Babys. Das geschieht auf sehr unterschiedliche Weise. Manche Tiere schlüpfen aus Eiern, wie
einige Babys die Weise die Tiere die Eier

etwa Vögel, Krokodile, Pinguine oder Schlangen. Andere wachsen im Bauch ihrer Mütter heran wie die Kinder von
die Vögel die Krokodile die Pinguine die Schlangen der Bauch die Mütter die Kinder

Elefanten, Giraffen, Hunden und Katzen. Auch wenn sie dann geboren sind, geht es unterschiedlich weiter. Manche
die Elefanten die Giraffen die Hunde die Katzen

Tierbabys sind noch lange abhängig von ihren Eltern. Dazu gehören Bärenkinder. Sie sind so genannte Nesthocker.
drei Tierbabys die Eltern die Bärenkinder die Nesthocker

Sie verstecken sich einige Monate mit ihrer Mama in der Bärenhöhle, bevor sie die Welt erkunden.
die Monate die Mama die Bärenhöhle die Welt

Zebras laufen sofort auf ihren wackligen Beinen los und können mit der Herde mitlaufen. Sie sind Nestflüchter.
die Zebras vier Beine zwei Herden die Nestflüchter

Ich teste meinen Lernstand

Seite 108 + 109

Test A – Sachtexte lesen und verstehen

Insgesamt zu erreichende Punktzahl: 15 Punkte

1 B Argumente für und gegen das Fernsehen. — 1 Punkt

2 1 = b, 2 = c, 3 = a — 3 Punkte

3 — 6 Punkte
1 Fernsehen auf Platz 1 für Kinder
3 Bei manchen Themen kann man nicht mehr mitreden.
2 Keine Bomben zum Frühstück
6 Kinder müssen lernen, mit dem Fernsehen umzugehen.
5 Fernsehbilder setzen sich im Kopf fest.
4 Ansichten über das Fernsehprogramm

4 A = falsch, B = richtig, C = richtig, D = falsch — 4 Punkte

5 Aussage B muss durchgestrichen werden. — 1 Punkt

Seite 110

Test B – Meinungen schriftlich begründen

Insgesamt zu erreichende Punktzahl: 25 Punkte

1 **Ein Leben ohne Fernseher?** — 3 Punkte

Ehepaar Haller	dafür
Markus und sein jüngerer Bruder	dagegen
Wissenschaftler	dagegen

2 a + b — 8 Punkte

Begründungen *gegen* ein Leben ohne Fernseher	**Begründungen *für* ein Leben ohne Fernseher**
Kinder wollen nicht auf beliebte Fernsehsendungen verzichten. Man kann nicht mehr mitreden mit Freunden. Man verpasst richtig gute Filme. Kinder müssen das Fernsehen „lernen“, sonst sind sie damit später überfordert.	Es gibt zu viele Sendungen, die qualitätslos sind. Viele Kinder gucken Sendungen, die nicht für Kinder sind. Es wird Gewalt gezeigt. Kinder lernen die Freizeit aktiver zu gestalten.

4 Überarbeite deine Begründung, indem du die unten genannten Punkte der Reihe nach überprüfst. Notiere zu jedem gut gelungenen Bereich die erreichte Punktzahl.

	Maximale Punktzahl	Erreichte Punktzahl
Hast du in einer Einleitung erklärt, worum es geht?	2	
Hast du im Hauptteil als Erstes deine Meinung deutlich formuliert?	3	
Hast du danach mehrere Begründungen (mindestens 4) für deine Meinung genannt?	4	
Wurden in den Begründungen „Verknüpfungswörter“, z. B. denn, da, weil ..., verwendet?	2	
Hast du einen Schlusssatz verwendet und z. B. einen Wunsch aufgeschrieben?	3	
GESAMTPUNKTZAHL	14	

Seite 111

Test C – Grammatik

Insgesamt zu erreichende Punktzahl: **21 Punkte**

1 a + b Für jedes mit dem richtigen Kasus ermittelte Nomen gibt es einen Punkt. — 8 Punkte
1 Fernsehen (N); 2 Liveübertragung (A); 3 Paul Nipkow (Name) (N), Idee (A); 4 Drehscheibe (A); 5 Bild (A); 6 Mitarbeitern (D); 7 Prinzip (D)

2 b Für die beiden passend eingesetzten Adjektive gibt es jeweils einen Punkt. — 2 Punkte
Paul Nipkow hatte eine geniale Idee. Er erfand eine besondere Drehscheibe.

3 Satz 1: Prät.; Satz 2: Prät.; Satz 3: Prät.; Satz 4: Prät.; Satz 5: Prät.; Satz 6: Prät.; Satz 7: Präs. — 7 Punkte

4 Wurde das Fernsehen 1928 erfunden? — 1 Punkt

5 a — 1 Punkt

Er	stellte	dies	seinen Mitarbeitern	vor.
Subjekt	*Prädikat*	*Akkusativobjekt*	*Dativobjekt*	*Prädikat*

6 Überraschenderweise stellte er dies eines Tages seinen Mitarbeitern vor. — 2 Punkte

Seite 112

Test D – Strategiewissen Rechtschreibung

Insgesamt zu erreichende Punktzahl: **35 Punkte**

1 Beispiel: ein – sa – me, Fern – se – her, Er – zeu – ger, ver – ban – nen — 4 Punkte

2 Beispiel: be-lieb-te (lie-ben); fern-seh-feind-lich (se-hen) — 4 Punkte

3 — 13 Punkte
Mutter Maren versteht das vielleicht besser, als Markus glaubt, denn sie ist ebenfalls ohne Fernsehen aufgewachsen und hatte einst das gleiche Problem: „Natürlich ist das manchmal blöd. Aber davon geht die Welt nicht unter.“ Beide Eltern sind der Meinung, gerade für Kinder biete das Programm vor allem Qualitätsloses; ganz abgesehen von Sendungen, die nicht für sie bestimmt sind.

Markus weiß das auch. Natürlich sehen er und sein jüngerer Bruder immer wieder mal bei Freunden fern: „Klar gibt's eine Menge Müll. Aber manchmal laufen auch richtig gute Filme.“ Die Gegenargumente kennt er auswendig: „Meine Mutter fürchtet, wir würden den ganzen Tag vor der Glotze hocken und irgendwann verblöden.“

4 — 14 Punkte
Ebenfalls Anlass zu regelmäßigen Gesprächen sind die Computer der beiden Jungen. Eine Stunde pro Tag dürfen sie am Rechner verbringen. „Meine Mutter“, beschwert sich Markus, „hat an allen Spielen etwas auszusetzen. Sie ist überzeugt, die Bilder prägen sich unbewusst ein.“ Deshalb dürfen die Söhne nur gewaltfreie Spiele spielen. Dass sie sich an die Altersfreigabe halten müssen, versteht sich von selbst.